Plaidoyer pour le changement des mentalités au Congo !

Odilon OBAMI

Plaidoyer pour le changement des mentalités au Congo !

L'Harmattan

5-7, rue de l'Ecole-Polytechnique, 75005 Paris

http://www.harmattan.fr
diffusion.harmattan@wanadoo.fr
harmattan1@wanadoo.fr

ISBN : 978-2-343-11390-6
EAN : 9782343113906

Je dédie ce livre à tous les Africains, en général, et aux Congolais, en particulier, qui se décarcassent au travers de leurs diverses activités pour le bien-être de leurs pays. L'habitude étant une seconde nature, c'est par l'effort, l'abnégation, la foi et l'amour de la patrie que l'homme est capable de se transcender, en évinçant ses mauvaises habitudes par de bonnes habitudes, dans la perspective de transformer la société. Car, il n'y a pas de changement social sans le changement des mentalités. Ainsi, se transformer d'abord pour transformer ensuite est la seule devise qui vaille pour atteindre les sommets du développement intégral.

INTRODUCTION

« Il n'y a pas de changement social sans révolution culturelle », disait Auguste Comte.

Il appert de cette assertion de haute volée intellectuelle qu'aucun changement positif n'est possible dans la société sans le changement des mentalités. En conséquence, la première révolution qu'il faille faire en Afrique, en général, et au Congo, en particulier, c'est celle des mentalités. C'est-à-dire de notre manière de penser, de voir, de vivre, de faire, dans la perspective du développement. Car, en Afrique, le sous-développement est d'abord mental.

Du discours d'investiture du Président Denis Sassou Nguesso, prononcé le 16 avril 2016 dans l'enceinte du palais des congrès de Brazzaville, tous les observateurs attentionnés avaient sans doute retenu ce chapitre aussi remarquable que remarqué :

« A compter d'aujourd'hui et pour toujours, nous devons conforter en nous (…) un nouvel état d'esprit.

A compter d'aujourd'hui, créons la rupture avec les mentalités déviantes et les comportements pervers du passé : la paresse, le laxisme, l'irresponsabilité, l'inconscience, la corruption, la fraude, la concussion, l'ethnocentrisme ou l'instinct grégaire, le népotisme et la tendance à la gabegie.

A compter d'aujourd'hui, renouons tous avec l'esprit du travail, de la rigueur, de la discipline, de la responsabilité, de la probité, de l'unité nationale, du respect de la chose publique et de l'amour de la patrie.

A la rentrée prochaine, ces valeurs qui procèdent de l'éthique républicaine seront enseignées dans toutes les écoles de la République (...) »

Dans le même ordre d'idées, le Premier ministre, chef du gouvernement, Monsieur Clément Mouamba, avait martelé la même exigence propice au changement des mentalités au travers de certaines bribes de son discours prononcé le 03 juin 2016, lors de la présentation du programme d'action du gouvernement devant l'Assemblée nationale :

« Le discours d'investiture du Président de la République est une autre référence majeure, à la fois historique et pédagogique, de la doctrine de la rupture avec l'ordre ancien (…)

Par ailleurs, le sens et le rôle central de la valeur travail doivent être incarnés par les gouvernants. C'est un marqueur de la rupture (…)

Le gouvernement étudiera la faisabilité d'un programme d'installation, dans les administrations publiques, des équipements de contrôle de l'assiduité au travail des agents de l'Etat. La mise en œuvre de ce programme donnera lieu à une réforme de la gestion administrative des agents de l'Etat réglée sur la performance (…)

Ainsi, la fonction publique cessera d'être la colonie de vacances ou la cour de récréation des agents paresseux.

L'éthique sociale, dans des pays en transition systémique comme le Congo, ne peut s'obliger à la carte et s'accommoder de l'impunité et de l'insouciance (...)

Le système d'évaluation et de notation des agents de l'Etat, devenu obsolète, sera fondamentalement revu. Le gouvernement procédera à un contrôle d'assiduité au travail au moyen d'un système électronique en liaison avec le service de la solde du ministère des finances ».

Comme on peut le constater, ces deux discours qui allongent la liste non exhaustive d'autres très beaux discours prononcés par nos gouvernants successifs, depuis l'indépendance jusqu'à nos jours, traduisent la volonté de ne ménager aucun effort pour élever notre pays au firmament des grandes Nations à l'échelle mondiale. Le point commun entre eux et leurs devanciers, c'est qu'ils mettent l'accent sur l'engagement politique dans la perspective du développement socio-économique, en stigmatisant et promettant de combattre fermement les antivaleurs qui pervertissent nos mentalités et nous tirent vers bas.

Cependant, au-delà de la pertinence incontestable de ces discours politiques, force est de relever que ce qui importe véritablement, c'est de les traduire dans les faits. Car, les discours politiques n'ont de sens que s'ils sont suivis d'effets concrets dans la pratique. Autrement, ils ne ressembleraient qu'à un catalogue d'engagements abstraits et de belles paroles mielleuses enrobées de tours de passe-passe aussi sonores que superfétatoires. Telle une goutte d'eau dans l'océan, ils n'épancheront guère la soif du peuple attentiste et désabusé qui aspire au bien-être. En politique autant que dans la vie, tout court, prendre des résolutions est une chose. Mais, les mettre en application en est une autre. Par conséquent, c'est à l'acte qu'on juge l'artisan.

Le changement des mentalités est un préalable au développement socio-économique en Afrique, en général, et au Congo, en particulier. Il l'est d'autant plus avec acuité que le diagnostic général des pays africains révèle que notre sous-développement découle d'une ribambelle de causes qui sont à la fois nationales et internationales. Sur le plan international, l'histoire de l'humanité montre avec évidence que l'Afrique a été victime des faits délétères qui affectent considérablement son développement socio-économique. Il s'agit d'une part de l'esclavagisme et de la colonisation. Et d'autre part, de certaines institutions internationales dont le système d'organisation et de fonctionnement savamment mis en place par les grandes puissances ne milite pas réellement en faveur de son essor.

En effet, l'esclavagisme fut une idéologie affreusement abominable qui dépeupla considérablement l'Afrique et chosifia ignoblement les Noirs pendant fort longtemps. La traite négrière arabo-musulmane, qui est souvent passée sous silence, dura dix siècles et celle perpétrée par les occidentaux, quatre siècles. Soit un total de quatorze siècles, c'est-à-dire 1400 ans ! Ajoutés aux quatre-vingt ans de colonisation qui en prirent le relai, cela fait quasiment quinze siècles, c'est-à-dire 1500 ans de souffrances atroces infligées aux Africains. Dans ces circonstances, comment leur demander de se développer à l'instar des occidentaux après seulement 56 ans d'indépendances théoriques ? Théoriques, parce que nonobstant la proclamation des indépendances dans les années 60, force est de constater malheureusement que le colon était, en vérité, sorti par la porte avant de revenir par la fenêtre. Ainsi, il continue de perpétuer une autre forme de néo-colonisation savamment orchestrée par la mise en place d'un système délétère et mortifère d'exploitation, de spoliation, d'infantilisation et de domination systématique des Africains. Parmi les rouages d'exploitation et de domination des Africains, il y a notamment la « Françafrique » ou « la version mafieuse du néo-colonialisme français », selon le joli mot de l'économiste sénégalais Demba Moussa Dembele. Il y a aussi les institutions financières internationales comme le Fonds Monétaire International et la Banque Mondiale, dont les politiques austères ne militent point en faveur du développement réel de l'Afrique. A ces deux armes de destruction massive s'ajoute aussi l'Organisation Mondiale du Commerce, dont les règles de fonctionnement ne favorisent pas toujours l'émergence du berceau de l'humanité dont le bébé qui s'y trouve affalé est réduit au biberon étranger pour sa survie. Mais, à ces faits inhérents à la mauvaise foi occidentale, il sied de reconnaître objectivement que, malgré tout, les Africains sont aussi responsables de leurs malheurs. Ainsi, les grands maux qui les calfeutrent dans le sous-développement sont la mauvaise gouvernance, le despotisme, le népotisme, le manque de patriotisme, le manque de vision, l'assistanat, l'immobilisme, l'inconscience professionnelle, la paresse, la déresponsabilisation, le tribalisme, le régionalisme… Bref, une crise morale gravissime qui affecte malencontreusement nos mentalités et nous empêche de décoller véritablement.

Comme on peut le constater, le retard de l'Afrique, en général, et du Congo, en particulier, résulte d'une responsabilité partagée. D'abord celle des occidentaux, amplifiée par des mécanismes pervers qui sous-tendent un système réfractaire au développement proprement dit. Ensuite, celle qui incombe aux Africains eux-mêmes et qui résulte d'une crise des mentalités qui endigue leur émancipation réelle. C'est de cette responsabilité dont il s'agit dans ce livre. Ce qui exclut donc la mise en cause systématique des autres et la victimisation permanente qui nous confinent souvent dans la paranoïa et le pessimisme abjects, pas toujours justifiés. A cet effet, l'anti-occidentalisme primaire et systématique est un alibi évoqué par certains politiques et intellectuels africains pour masquer leurs propres errements. Comme écrivait Guy Tirolien dans la préface de *Tribaliques* d'Henri Lopes : « Le colonialisme le plus redoutable, celui qui ne pardonne pas, c'est nous qui le portons, entre cuir et os, comme un virus têtu dont le nom va changeant au gré de nos intérêts : réalisme, traditionalisme, tribalisme, népotisme. » Cependant, le sous-développement n'est pas une fatalité. Par conséquent, il peut être dépassé grâce à l'exaltation des valeurs qui militent en faveur du développement, notamment la bonne gouvernance, la liberté, le patriotisme, la probité, la méritocratie, la conscience professionnelle, le sens de la responsabilité, l'unité nationale… Plusieurs autres pays qui étaient à un stade très reculé par rapport à certains pays africains ont brillamment émergé et inspirent le respect dans le concert des Nations. L'exemple le plus patent est celui de la Corée du Sud.

En effet, dans les années 70, la Corée du Sud était largement moins avancée que certains pays africains comme la Côte d'Ivoire, par exemple. Aujourd'hui, sans or ni pétrole, elle est devenue un pays émergent. Elle fabrique et exporte les Trains à Grande Vitesse, TGV, et excelle, entre autres, dans l'électronique et les nouvelles technologies d'information et de communication. Bien avant elle, un autre pays asiatique, le Japon, avait aussi réussi, grâce au travail, au patriotisme, la bonne gouvernance, l'inventivité et l'abnégation à se hisser à la deuxième place mondiale avant d'en être évincé par la Chine, une autre grande puissance asiatique qui est partie de très loin et qui, aujourd'hui, fait trembler le monde entier, notamment l'occident. Il en est de même de l'Inde, Taiwan, Singapour, Hong Kong, Malaisie qui corroborent la montée en puissance du continent asiatique. Comme quoi, la vraie matière première c'est la matière grise.

Plus près de nous, à un degré moindre mais non négligeable, le Rwanda fait partie des sept pays les mieux notés par rapport à la bonne gouvernance selon le classement communiqué par les organismes habilités. En effet, selon le quotidien britannique *The Financial Times,* cité par *Jeune Afrique* n°2911-2912 du 23 octobre 2016, « le Rwanda occupe la septième place des pays ayant la classe politique la plus propre du monde. Charles Robertson, chef économiste chez *Renaissance Capital*, met l'accent sur les mesures drastiques prises par Paul Kagamé contre la corruption des fonctionnaires ». Sa capitale, Kigali, occupe également la septième place des villes les plus propres du monde. En peu de temps, ce pays a fait reculer le taux de mortalité dû au paludisme de 60 à 6% ! L'évolution enregistrée dans le domaine des affaires est telle, qu'en quelques heures seulement n'importe qui peut procéder à la création d'une entreprise alors que dans de nombreux pays il faut attendre des mois pour le faire.

Alors, comment ces pays ont-ils fait pour en arriver là ? Sans doute grâce, notamment, à la prise de conscience, au travail rigoureux, à la bonne gouvernance, l'esprit d'inventivité et l'amour de la patrie. Pourquoi ce qui est possible chez les autres ne le serait-il pas chez nous ? A l'école, un piètre élève qui s'inspire du très bon travail effectué par d'autres élèves meilleurs que lui, finira tôt ou tard par s'améliorer et à se hisser à leur niveau, voire même les dépasser. Ainsi, quand on veut évoluer dans la vie, il ne faut pas avoir honte de copier ce qui marche chez les autres. Non par pour en faire du copier-coller systématique, mais pour s'en inspirer afin de transposer intelligemment à la réalité ce qui peut l'être. C'est ainsi que se sont construites et se construisent les grandes puissances.

A l'aune de tous ces pays, sus-indiqués, parmi tant d'autres, le Congo n'est pas fatalement condamné au sous-développement. Car, notre pays dispose d'énormes atouts enviables qui, exploités à bon escient et conjugués à la bonne volonté, peuvent le propulser très haut. Nos terres sont fertiles et ne sont exploitées qu'à hauteur de 3% sur les 10 millions d'hectares arables que totalise notre pays. Nous avons d'immenses ressources naturelles notamment le pétrole, les mines et le bois. Nous avons une importante pluviométrie et nous disposons aussi du deuxième plus grand fleuve au monde, le Congo, et de multiples affluents. Notre population est composée en grande majorité par des jeunes très actifs et enthousiastes. Quant au taux d'alphabétisation, il est quasiment égal à 100%. En plus, le Congo est un pays de transit. Comme les autres pays, le nôtre peut brillamment émerger dans la perspective du développement intégral. Ce qui n'est possible que grâce à l'exaltation des valeurs qui en constituent les ferments. Pour ce faire, un véritable programme d'ajustement culturel doit être amorcé aux fins de changer profondément les mentalités qui nous tirent vers le bas. Ce n'est qu'ainsi que tous les discours successifs et pertinents prononcés par nos gouvernants depuis belle lurette, notamment celui prononcé par le Président de la République le 16 avril 2016, exaltant la RUPTURE comme moyen nécessaire au changement souhaité, trouveront tout leur sens réel. Ceci étant, pour être juste et efficient, le changement des mentalités ne doit pas être une exigence sélective. Au contraire, il doit concerner tout le monde de la base au sommet de l'Etat. Aussi, la rupture comme moyen de l'insuffler doit s'opérer de manière sage et intelligente. Car, ce n'est pas facile de changer les mentalités gangrenées depuis des lustres. Il y a des choses qu'on peut changer immédiatement par la force et la volonté et il y en a d'autres qui requièrent du temps. Comme disait Mark Twain : « on ne se débarrasse pas d'une habitude en la flanquant par la fenêtre. Il faut descendre l'escalier marche par marche. » C'est dire que dans sa mise en œuvre pratique, la rupture doit être adaptée aux circonstances réelles. D'une part, elle peut se faire immédiatement et, d'autre part, elle doit se faire progressivement. Quoiqu'il en soit, elle doit se faire !

Première partie

LE CHANGEMENT DES MENTALITES A L'EGARD DES HOMMES POLITIQUES

Comme dit plus haut, le changement des mentalités dont il s'agit pour le progrès de l'Afrique, en général, et du Congo, en particulier, concerne tout le monde. Autant le peuple que les hommes politiques. Car, les hommes politiques doivent être les premiers à donner l'exemple de la vertu républicaine. La démocratie étant un triptyque qui repose sur le pouvoir, l'opposition et le peuple, le changement tant souhaité doit transformer toutes ces trois composantes importantes qui en constituent la toile de fond. Sous cette rubrique, il sied de s'appesantir sur le changement des mentalités à l'égard du pouvoir et de l'opposition. Celui qui concerne le peuple sera évoqué dans la deuxième partie de cet ouvrage.

Chapitre I

LE CHANGEMENT DES MENTALITES A L'EGARD DU POUVOIR

En démocratie, le mot pouvoir renvoie souvent à la théorie échafaudée par l'Anglais John Loke et le Français Charles Montesquieu, c'est-à-dire celle de la séparation des pouvoirs conçue pour éviter les abus et faire fonctionner correctement les institutions étatiques. Il s'agit donc du pouvoir exécutif, du pouvoir législatif et du pouvoir judiciaire. Loin de s'opposer, ces trois pouvoirs se juxtaposent et concourent harmonieusement pour atteindre le même objectif : servir l'intérêt supérieur de la Nation, en accomplissant chacun les tâches qui lui incombent en fonction de sa sphère de compétence. Mais, au-delà de la structure théorique englobant ces pouvoirs dans la configuration démocratique, il est un quatrième pouvoir qu'il ne faut pas négliger et qui demande qu'on s'y attarde un instant. Il s'agit du pouvoir médiatique.

Section I. Quant au pouvoir exécutif

Le pouvoir exécutif qui constitue la tête de l'Etat est l'un des plus importants dans l'ordonnancement socio-politique. Par conséquent, tous les gouvernants qui l'exercent en vue de mener à bien les affaires de la Nation congolaise se voient conférer d'énormes privilèges qui les élèvent au firmament social. En revanche, ces privilèges n'excluent pas l'observation d'un certain nombre de devoirs qui leur incombent. Ce qui implique l'exemplarité dont doivent faire preuve les gouvernants et les autorités administratives chargées de relayer leurs instructions sur le terrain. Tels les ascendants dans une famille bien structurée, les gouvernants doivent se comporter en bon père de famille, afin de faire preuve d'un sens très élevé de responsabilité dans l'exercice de leur prestigieuse et délicate mission. C'est pourquoi on les appelle naturellement de « responsables politiques ». Cette responsabilité leur impose d'être irréprochables, bien qu'en tant qu'êtres humains ils ne sont pas parfaits et sont donc enclins au tâtonnement et aux erreurs. Quoiqu'il en soit, le sens élevé de leurs devoirs exige qu'ils prennent conscience de la gravité des fléaux qui les freinent et qu'ils fassent preuve, entre autres, de bonne gouvernance, d'intégrité morale, de patriotisme, d'inventivité et d'abnégation aux fins de servir la Nation et non se servir au détriment d'elle. Car, la vertu cardinale qui doit animer un homme politique digne de ce nom consiste à faire don de soi au service de l'intérêt général.

En effet, la bonne gouvernance qui est un concept en vogue depuis une ère relativement récente procède surtout du monde des affaires privées. Il a pris de l'ampleur dans le monde politique et signifie simplement une manière de faire fonctionner l'Etat conformément à la rectitude. C'est-à-dire en respectant scrupuleusement les règles de bonne gestion des finances publiques. Bref, la bonne gouvernance c'est le fait de conduire les affaires publiques eu égard à l'ETHIQUE. Car, en politique, l'éthique est une valeur essentielle qui doit être au cœur de toutes les actions accomplies par les gouvernants et non délaissées au vestiaire de la République. C'est autant vrai, à l'égard des autorités administratives qui leur sont subordonnées. La bonne gouvernance est donc une exigence de gestion moderne qui nous impose d'être consciencieux, rigoureux, intègres et inventifs. Cette exigence est si forte à l'endroit des hommes politiques, en général, et des gouvernants, en particulier, que le Président de la République l'a martelée dans son discours des vœux à la Nation, le 31 décembre 2016 : « 2017, année de la rigueur pour le gouvernement qui doit donner l'exemple, montrer le chemin, dire la vérité. »

En conséquence, dans la perspective du changement des mentalités en ce domaine il doit être exigé des gouvernants de faire preuve d'exemplarité dans l'exercice de leur mission. L'observation de l'éthique doit aussi les conduire à œuvrer dans la transparence, afin d'obéir aux règles de traçabilité. En ce sens, la constitution issue du referendum du 25 octobre 2015 prescrit à leur charge, en son article 55, l'obligation de déclarer leur patrimoine :

« Tout citoyen, élu ou nommé à une fonction publique, est tenu de déclarer son patrimoine lors de sa prise de fonction et à la cessation de celle-ci, conformément à la loi.

La loi détermine les fonctions publiques soumises à l'obligation ci-dessus indiquée ainsi que les modalités de déclaration du patrimoine. »

Ce n'est pas une nouveauté, puisque la précédente constitution, celle du 20 janvier 2002, disposait déjà en son article 48 que :

« Tout citoyen, élu ou nommé à une haute fonction publique, est tenu de déclarer son patrimoine lors de la prise de fonctions et à la cessation de celles-ci, conformément à la loi.

L'inobservation de cette obligation entraîne la déchéance des fonctions dans les conditions fixées par la loi. »

Force est de constater que la seule différence entre ces deux textes, c'est que la constitution du 20 janvier 2002 assortissait l'inobservation de cette exigence d'une sanction qu'est la déchéance des fonctions concernées. Comme cela ressort du deuxième alinéa de l'article 48. Ces deux dispositions constitutionnelles constituent une avancée théorique considérable qui place les gouvernants, les élus et autres personnalités concernées face à une immense responsabilité, contrairement à la constitution du 15 mars 1992 qui ne prescrivait cette exigence qu'à la charge du Président de la République et des membres du gouvernement. En ce sens, l'article 74 de ladite constitution disposait à son alinéa 2 que : « Ils sont tenus, lors de leur entrée en fonction et à la fin, de faire sur l'honneur une déclaration écrite de tous leurs biens et patrimoines et de l'adresser à la Cour des comptes. »

Or, malgré la pertinence de nos constitutions successives, notamment celle en vigueur, aucune loi organique n'a été votée pour mettre en œuvre cette prescription. Et pourtant un avant-projet de loi examiné en Conseil des ministres le 27 avril 2005, à cet effet, n'était pas adopté en dépit de l'avis n° 031/C.S. 04 du 03 juin 2004 émis par la Cour suprême. Interpellé à ce sujet par un député de l'opposition à l'Assemblée nationale, le 19 décembre 2016, le ministre en charge de cette question a rassuré la représentation nationale sur la préparation d'un autre projet de loi dans ce sens.

Il sera sans doute présenté pour examen et adoption lors de la prochaine session parlementaire du 01 février au 10 avril 2017. C'est dire que la vraie rupture qui sied dans le sens du changement des mentalités, en l'occurrence, serait d'initier rapidement ce projet de loi aux fins de déterminer les modalités effectives de mise en mouvement de cette exigence constitutionnelle. La bonne gouvernance implique aussi l'exaltation d'un Etat fort, c'est-à-dire celui qui se donne raisonnablement les moyens de sa politique. Aussi bien sur le plan intérieur, en veillant au respect de sa souveraineté au moyen de l'exaltation de la « hard power », c'est-à-dire la puissance qui lui permet d'être maître chez lui, en faisant régner l'ordre pour se protéger et protéger ses sujets. Aussi sur le plan international, en exaltant la « soft power », c'est-à-dire tout ce qui lui confère un rayonnement prestigieux à l'échelle mondiale.

Un Etat fort qui se donne les moyens de sa politique, c'est d'abord celui qui doit assumer pleinement son indépendance. Etre indépendant ne signifie pas vivre en autarcie. Car, en tant que membre de la communauté internationale, dont la proximité interétatique est exacerbée par la mondialisation, aucun pays ne peut vivre sans les autres. On a toujours besoin des autres, si grands ou petits soient-ils, comme disait en substance La Fontaine. Ainsi, il serait mieux de parler d'interdépendance. Mais, l'interdépendance ne signifie pas tout attendre des autres.

C'est la mise en place d'une coopération qui fait qu'il faille dépendre de l'autre autant qu'il dépend de vous. Même si cette interdépendance n'a pas la même ampleur selon le niveau de développement de chaque pays, elle doit induire l'exaltation des rapports « gagnant-gagnant ». Ce qui inspire le respect des uns envers les autres. Dans la réalité, les pays en voie de développement n'ayant pas encore les moyens d'exercer pleinement leur indépendance, cette exigence semble plus un idéal pour eux. Pour ce faire, en politique tout étant question de rapport de forces, ils doivent œuvrer dans le but de les contrebalancer, afin de solidifier leur indépendance à l'aune des grandes puissances actuelles qui furent jadis des petits Etats. Par conséquent, nos gouvernants doivent saisir la moindre opportunité d'exploiter les leviers de notre indépendance sans recourir toujours à nos anciens colonisateurs, surtout lorsqu'ils nous mettent face à nos responsabilités. Ce qui implique de couper le cordon ombilical qui nous lie encore à l'ancienne puissance coloniale. Car, par notre manière de penser et de faire, nous avons développé et développons consciemment ou inconsciemment des mentalités qui ne militent pas en faveur du développement personnel et collectif et nous confinent malheureusement dans la domination coloniale. C'est le vrai sens de l'opinion émise par Guy Tirolien dans la préface de *Tribaliques*, citée en introduction, quand il dit en substance que le colonialisme le plus redoutable, c'est nous qui le portons comme un virus têtu.

En ce sens, nos gouvernants ne doivent pas d'une part condamner la « Françafrique » et d'autre part, avoir systématiquement recours à la France même quand ils ont l'occasion de se passer d'elle et d'agir en toute indépendance pour régler leurs problèmes. Comme disait Jean Marie Bockel, ancien ministre français de la Coopération, dans *Trajectoire Plurielle* : « ils (les Africains) veulent que la France soit moins présente, mais en même temps qu'elle s'implique davantage (...) Moins de France d'un côté et plus de France de l'autre ! » Cette absurdité, à la fois amusante et agaçante, traduit l'incapacité des Africains d'assumer pleinement leur indépendance vis-à-vis des anciennes métropoles et de s'y accrocher comme des ailes à un avion. Les crises au Mali, en Centrafrique et la gestion de l'épidémie Ebola, notamment, sont des exemples qui corroborent l'irresponsabilité et l'inefficacité de l'écrasante majorité de nos gouvernants face aux grandes questions qui concernent l'Afrique. Ainsi, la vraie rupture est celle qui doit les pousser à prendre conscience du grave déficit d'indépendance et de se donner réellement les moyens de leur indépendance pour s'extirper des griffes du néocolonialisme.

Un Etat fort qui se donne les moyens de sa politique, c'est aussi celui qui doit réprouver la politique d'assistanat. En effet, cette politique induit la paresse et confine dans la soumission à l'égard des généreux donateurs : « la main qui donne est toujours au-dessus de celle qui reçoit », nous dit un adage. Aussi, la politique d'assistanat nourrit-elle grassement la déresponsabilisation des Etats concernés. Or, un Etat responsable et ambitieux doit veiller scrupuleusement à son indépendance et s'efforcer de créer les conditions qui garantissent et sauvegardent sa souveraineté. Ainsi, il doit avoir en aversion la politique de la main tendue et d'exalter des politiques alternatives qui s'inscrivent dans la perspective de contrebalancer les rapports de forces aux fins de développement socio-économique. Il ne s'agit pas ici de rejeter systématiquement l'aide au développement. Mais, de s'interroger sur son impact réel. L'aide au développement n'a de sens véritable que si elle contribue réellement au développement socio-économique des pays concernés. Or, à l'occasion du cinquantenaire des indépendances africaines, une étude avait révélé qu'en 50 ans d'indépendance plus de 1000 milliards de dollars avaient été consommés, au titre de l'aide au développement, sans effets importants. Au contraire, en 50 ans d'indépendance, la pauvreté avait fortement augmenté et continue de l'être davantage, le chômage ne cesse de galoper et le produit intérieur brut autant que le produit national brut n'ont guère décollé. Cette étude est corroborée par l'analyse de Bernard Lugan, dans *Décolonisez L'Afrique !* A la page 27 de son essai publié en 2012, il affirme ceci :

« Depuis 1960, le continent africain a reçu près de 2000 milliards d'US dollars au titre de l'aide pour le développement, soit 35 milliards de dollars par an et cela, sans compter les aides privées et les importantes annulations de dettes dont on ne parle quasiment jamais (...) En 40 ans, l'aide pour le développement à l'Afrique a plus que quintuplé et entre 1960 et 2010, le continent a reçu près de vingt fois plus que l'Europe avec le plan Marshall. Or, cette aide au développement l'infantilise car elle la déresponsabilise tout en l'enfermant dans la dépendance (...) Aujourd'hui, l'aide pour le développement représente ainsi 10% du revenu national brut de 28 pays et plus de 20% du revenu national brut de 10 autres. Pour l'Afrique, le résultat d'aide pour le développement est affligeant car la croissance y est insuffisante, le chômage trop élevé et la pauvreté n'y a pas été jugulée. » Plus de quatre ans après ce triste constat, la situation n'est guère reluisante au regard de la conjoncture internationale, en général, et celle des pays africains, en particulier. Alors, à quoi sert l'aide au développement ? Soit, il faut la supprimer purement et simplement parce qu'elle confine dans l'assistanat et la paresse. Soit, il faut la maintenir mais l'encadrer strictement afin qu'elle puisse réellement contribuer au développement.

L'Etat fort, c'est aussi celui qui fasse preuve de fermeté pour punir les comportements déviants, dont parle le Président de la République dans son discours évoqué plus haut. Il implique donc la mise en place des mécanismes de luttes contre la corruption, la concussion, la fraude, le tribalisme et toutes les autres formes de discrimination. Bref, des antivaleurs qui minent notre développement. Il existe dans notre pays, par exemple, trois organes destinés à lutter contre la criminalité économique et financière. Il s'agit de l'Observatoire anti-corruption, de la Commission nationale de lutte contre la corruption, la concussion et la fraude et de l'Agence Nationale d'Investigation Financière. Cette dernière, en sigle l'ANIF, est spécialement chargée de lutter contre le blanchiment des capitaux et le financement du terrorisme. Dans le souci d'efficacité et d'adaptation par rapport à l'évolution de la société congolaise, le gouvernement entend renforcer les attributions de la Commission nationale de lutte contre la corruption, la concussion et la fraude. Comme en témoigne le souhait exprimé par le Secrétaire Général à la Primature, Hilaire Bouhoyi, le 29 juillet 2016 dans la presse locale : « Le Président de la République a maintes fois insisté sur la rupture avec les antivaleurs. Il a aussi mis un accent sur la lutte contre la corruption, la concussion et la fraude (…) Il faut donc que les armes nécessaires soient données à cette commission pour exercer pleinement son action. » Comme on peut le constater, sur le plan théorique, le Congo est doté d'un arsenal institutionnel et juridique de grande envergure pour lutter efficacement contre la criminalité économique et financière. A condition que la volonté politique exprimée autour d'un Etat fort permette sa mise en œuvre pratique.

L'Etat fort, c'est également celui qui doit être dominant, ferme et exigeant vis-à-vis de toutes les institutions qui se trouvent fixées sur le territoire national, afin de donner un sens à la souveraineté dans l'Etat. Ainsi, dans le domaine de l'éducation nationale, par exemple, il ne doit pas permettre l'implantation et l'existence des écoles privées qui n'offrent pas de garanties nécessaires, afin d'assurer une bonne formation aux élèves et étudiants. Le vrai sens de la rupture serait de « contrôler sans concession des établissements privés. Ils ont l'obligation de répondre aux normes requises en termes de contenu pédagogique, d'encadrement, d'équipement, de sécurité (…) », disait par ailleurs, le Premier ministre dans son discours évoqué en prolégomènes.

En effet, en termes d'infrastructures, il est triste et scandaleux de constater que certaines anciennes maisons familiales ont été transformées pour abriter les locaux de certaines écoles privées. Ces établissements de fortune qui sont de véritables « favelas scolaires » ternissent l'image de l'école de la République complètement aux antipodes de celle que nos générations ont connue et n'augurent pas d'un bel avenir pour la jeunesse. L'école étant la matrice de la société, il est impératif de démanteler ces « ghettos scolaires » pour redorer le blason de l'école républicaine.

Ainsi, la rupture tant scandée aura son vrai sens salvateur si l'Etat prend fermement des mesures appropriées pour en finir avec ces « bantoustans scolaires » et, de surcroit, veiller strictement à la qualité d'enseignements qui sont dispensés. C'est dans ce sens que le gouvernement camerounais, par exemple, vient de décider pendant que ces lignes sont écrites, ce lundi 22 Août 2016, de la fermeture de 75 établissements privés au motif qu'ils ne sont pas conformes aux normes requises. A contrario, le gouvernement congolais vient d'accorder, via le ministère de l'enseignement technologique, plusieurs agréments autorisant l'ouverture de nouveaux établissements privés, selon la presse locale. Espérant qu'ils soient conformes à la rectitude.

Dans le domaine religieux, l'Etat fort c'est celui qui doit strictement encadrer les différentes associations cultuelles et mettre hors d'état de nuire toutes celles qui pervertissent les mentalités, déstabilisent les ménages et troublent la paix sociale. En effet, l'accroissement exponentiel des églises dites de « réveil », mais dont la plupart plongent les crédules dans un profond sommeil, inquiète énormément. Les dérives sectaires qui résultent de la mauvaise foi de certains prêtres, pasteurs, bergers, gourous et autres maîtres spirituels sont notamment perceptibles à travers leur train de vie grassement alimenté par de juteux dons matériels et financiers à la charge des fidèles, dont la majorité végète dans la misère et la précarité.

Ces marchands d'illusion exploitent la misère et la précarité des adeptes perdus dans les tribulations de la vie, au moyen de la manipulation mentale.

Outre les faux pasteurs qui doivent changer leurs mentalités embastillées dans les geôles sataniques et mafieuses, les croyants pratiquants doivent aussi changer les leurs engluées dans la naïveté et la fantasmagorie. Ainsi, ils doivent faire preuve de discernement à l'aune de ce que disait Jésus : « Nombreux parlerons en mon nom. Mais méfiez-vous des loups déguisés en peaux d'agneaux. » Ils doivent aussi prendre conscience du fait que la religion chrétienne qu'ils célèbrent avec zèle n'est pas celle de nos ancêtres, mais une religion importée ou imposée par les missionnaires en complicité avec les colons afin de faciliter l'enracinement du colonialisme au moyen d'un lavage de cerveaux, sous couvert d'évangélisation, aux fins de domination, massacres, spoliation, avilissement et pillage à grande échelle. Un passage biblique est pourtant révélateur de ce fait et doit faire réfléchir plus d'un. Il y est écrit quelque part que : « Je suis le Dieu d'Isaac et de Jacob... » Et non celui d'Itoua et de Malonga. C'est dire que la religion judéo-chrétienne est une religion nationale, destinée au peuple d'Israël et non une religion universelle. L'universalité du christianisme tient plus à la puissance politique à un certain moment de l'histoire de l'humanité qu'à sa vocation réelle et originelle. En recourant à cette religion, les colons, aidés par les missionnaires, usèrent avec cynisme et mépris de curieux passages bibliques pour asseoir leur domination : « Ne jugez pas si vous ne voulez pas être jugés. Rendez le mal par le bien. Aimez vos ennemis. Priez pour eux et pardonnez-les. Si on vous gifle sur la joue gauche, tendez la joue droite ». Concrètement cela veut dire, sans ambiguïté, qu'au nom de Dieu, les victimes des pires abominations infligées par les colons devaient être stoïques, passifs, obéissants et aimables à leur égard. Alors que Dieu est Amour. Cette espèce de sadomasochisme qui confine les victimes dans l'adoration de leurs bourreaux, comme si la vertu était contrainte de rendre hommage au vice, traduit le pis avilissement des Africains, en général, et des Congolais, en particulier. La religion judéo-chrétienne est une religion d'emprunt et non celle de nos ancêtres. De ce fait, son importation ne doit pas exclure ni diaboliser la religion de nos ancêtres, l'animisme, pilier essentiel de notre culture. Est-ce un hasard si les peuples qui ont réussi à conserver la force de leurs religions ancestrales résistent mieux à la domination occidentale ? En conséquence, le salut du peuple africain doit passer par la déconstruction mentale afin de se reconstruire culturellement. En d'autres termes, il s'agit de supplanter l'ancien logiciel culturel formaté par le colonialisme aux fins d'acculturation et de domination par un nouveau logiciel culturel conçu aux fins de changement des mentalités propices à l'épanouissement personnel et collectif.

Comme disait Jean Paul Sartre : « L'intellectuel africain a été truqué et introduit dans sa société. Il réagit selon les critères qui ne lui sont pas propres. »

La rupture dans le sens du changement des mentalités, à cet effet, doit consister à valoriser notre culture affreusement sapée par l'aventure coloniale, notamment la religion de nos ancêtres, afin de lui conférer la force et la puissance nécessaires dans la perspective de sous-tendre notre éveil personnel et collectif. Il ne s'agit pas ici de stigmatiser la religion chrétienne, encore moins de la vilipender, mais d'éveiller les consciences enténébrées depuis des lustres dans les bas-fonds de l'histoire écrite par les vainqueurs. La liberté de penser et celle de pensée qui confèrent respectivement à chacun le droit de s'exprimer librement et de pratiquer ou non la spiritualité de son choix n'excluent pas leur strict encadrement. Car, la liberté n'est pas le droit de faire ce qu'on veut. Mais celui de faire ce qui est permit par la loi. Or, cette mission salvatrice ne peut être efficacement accomplie que par un Etat fort à l'aune de celui qui exista au Congo à la fin des années 70 sous le règne du Comité Militaire du Parti, CMP, présidé par le Général Joachim Yhombi Opango.

En ce qui concerne l'intégrité morale, les gouvernants autant que les autorités administratives qui leur sont subordonnées doivent faire preuve de probité dans l'exercice de leurs fonctions. Ce qui exige de faire montre d'un sens de responsabilité aigu. Ainsi, la vraie rupture qu'il faille appliquer dans le sens du changement des mentalités consiste à briller par l'humilité, l'abnégation et le dévouement. Il s'agira par exemple d'interdire aux hommes politiques de demander aux musiciens de leur faire de la publicité à travers leurs chansons comme il en est de coutume depuis un moment. Car, les hommes politiques ne sont pas des stars du « showbiz », mais des personnalités publiques. Par conséquent, ils n'ont pas en réalité de vie privée dans la mesure où toutes leurs actions sont confondues avec les charges publiques qui sont les leurs. A ce titre, ils sont comme un infime miroir qui reflète l'image de la Nation qu'ils sont appelés à servir et à représenter. Pour ce faire, ils doivent s'évertuer d'être irréprochables.

Enfin, le patriotisme qui implique l'amour de la patrie impose de témoigner d'un dévouement sans faille au service de la Nation. Au nom de la rupture, dans la perspective du changement des mentalités, nos gouvernants doivent y consacrer un pourcentage substantiel comme une sorte de dime pour investir dans des activités locales propices au développement. Ce qui correspond à l'exigence faite par le Président de la République lors du Conseil des ministres du vendredi 29 juillet 2016, invitant les membres du gouvernement à investir dans l'agriculture avec leurs émoluments.

Le souhait du Président de la République est que ces actions aboutissent à la création des activités agricoles pérennes, dans le double objectif d'aider au développement de l'agriculture vivrière et de donner l'exemple en investissant dans un secteur vital pour notre pays. C'est ce que fit, en son temps, le Président Félix Houphouët Boigny en faveur de la Côte d'Ivoire. Pour la rendre efficiente, cette instruction doit être érigée en exigence légale, afin d'y contraindre les concernés. Aussi, doit-elle être étendue aux autres autorités subordonnées dont les organes publiques placés sous leur tutelle leur confèrent des avantages considérables en termes de revenus comme, la douane, les impôts, le trésor, le budget, les entreprises pétrolières etc… C'est ainsi que la Société Nationale des Pétroles Congolais, SNPC, s'est engagée à soutenir les efforts de développement amorcés par certains acteurs socio-économiques dans divers domaines comme l'éducation et l'agriculture.

En définitive, toutes ces actions participent de la solidarité nationale, une autre valeur essentielle qui constitue le socle de la culture africaine. Ainsi, ceux qui ont plus doivent contribuer à l'élévation de la Nation et aider ceux qui ont moins ou rien.

Section II. Quant au pouvoir législatif

Le pouvoir législatif est exercé par les parlementaires. Le Parlement congolais est une institution bicamérale, c'est-à-dire qu'il est composé de deux chambres : le Sénat et l'Assemblée nationale. Le Sénat est aussi appelé la chambre haute et l'Assemblée nationale, la chambre basse. Les parlementaires qui composent le Sénat sont appelés « sénateurs » et sont élus au suffrage universel indirect. Ceux qui siègent à l'Assemblée nationale sont appelés « députés » et sont élus au suffrage universel direct. Conformément à la constitution en vigueur, le rôle des députés et des sénateurs est de voter les lois et de contrôler l'action du gouvernement. La précision de leur mission est si importante qu'elle exige une pédagogie judicieuse pour éclairer la lanterne de la plupart de nos compatriotes qui considèrent les députés comme des hommes à tout faire.

En effet, les députés ont tellement pris l'habitude de promettre monts et merveilles aux électeurs pendant les campagnes législatives que ces derniers attendent d'eux la construction des écoles, hôpitaux, stades, routes, ponts etc… Alors qu'en tant qu'élu national, et non local, le rôle d'un député n'est pas de construire des infrastructures en faveur de sa circonscription.

Mais, comme dit plus haut, de voter les lois à l'initiative concurrente avec les membres du gouvernement, au moyen des projets de loi pour ces derniers et des propositions de loi pour les parlementaires. Aussi, ont-ils le droit de contrôler l'action du gouvernement dans la détermination et la conduite de la politique socio-économique de la Nation. Comme on peut le constater, c'est sans doute le comportement des candidats à la députation enclins à promettre ce qui ne relève pas de leur compétence, afin de glaner les suffrages escomptés, qui emberlificote les électeurs. Ainsi, ces derniers pensent qu'ils sont élus pour s'occuper de leurs circonscriptions par la réalisation d'infrastructures de grande envergure dont ils ont besoin, alors que ni les députés ni les sénateurs n'ont pas individuellement les moyens financiers conséquents pour les réaliser.

Par conséquent, la rupture dans le sens du changement des mentalités doit extirper les candidats à la députation de la démagogie du tout promettre. Aussi, doivent-ils s'efforcer de battre campagne en conformité avec la rectitude, en n'usant pas notamment d'argent pour corrompre les consciences et se livrer à des actions ostentatoires. L'exigence éthique qui doit présider aux actions humaines, en général, et celle des politiques, en particulier, doit induire celle de faire preuve d'humilité. En ce sens, il serait aussi souhaitable de rompre avec la mauvaise habitude qui consiste à appeler les sénateurs de « vénérables » et les députés de « honorables ». Sans sous-estimer l'important rôle et la place élevée des parlementaires dans la société, ni leurs qualités, il serait humble de les appeler « monsieur le sénateur » et « monsieur le député ». Car, on vénère Dieu et non le fils de l'homme… De même qu'il faut limiter le nombre de mandats électifs pour favoriser l'alternance et faire respirer la démocratie, concernant le Président de la république, autant il faut limiter le nombre de mandats pour les parlementaires afin de favoriser le renouvellement de la classe politique. Au Congo, le mandat des sénateurs est de 7 ans et celui des députés de 5 ans, renouvelables autant de fois. Comme pour le Président de la République, Il serait souhaitable que le mandat des parlementaires soit limité à trois pour les députés et à deux pour les sénateurs. De telle sorte que nul ne soit Président, député et sénateur pendant plus de 15 ans. Par analogie, la même exigence s'appliquera aussi aux élus locaux, comme les maires.

Enfin, la probité, l'abnégation et la conscience professionnelle impliquent aussi l'assiduité des parlementaires. Car, le taux d'absentéisme enregistré lors des sessions parlementaires est inquiétant. En ce sens, la vraie rupture avec ces errements serait d'assortir le droit aux émoluments au devoir d'assiduité. Par ailleurs, à la fin de chaque session parlementaire l'Etat alloue à chaque député la somme de 4 millions de FCFA, afin de faire des descentes dans leurs circonscriptions respectives.

Ce qui leur permet non seulement de discuter avec les populations sur les problèmes auxquels ils sont confrontés, mais de porter aussi à leur connaissance les nouvelles lois votées par le Parlement. Or, en réalité, la plupart d'entre eux n'effectuent pas des descentes dans leurs circonscriptions. Il serait donc impératif que les députés rompent d'avec cette mauvaise mentalité qui n'honore pas leur haute fonction en dépit des moyens financiers que le gouvernement met à leur disposition. En conséquence, ceux qui ne respecteraient pas cette prescription doivent restituer à l'Etat la somme allouée à cet effet. Autrement, cette somme doit être déduite de leurs futurs émoluments.

Section III. Quant au pouvoir judiciaire

Bien que n'étant pas à proprement parler des hommes politiques, dans l'exercice de leur fonction les magistrats sont comme des politiques par l'influence qu'ils exercent, en l'occurrence ceux du Ministère publique. En effet, contrairement aux magistrats du Ministère publique qui composent ce qu'on appelle « la magistrature debout », du fait qu'ils se lèvent pour parler, les juges du sièges, appelés « magistrature assise », du fait qu'ils opèrent assis, sont un corps de magistrats indépendants et inamovibles. En revanche, ceux du parquet sont un corps de magistrats hiérarchisés, amovibles et dépendant du pouvoir exécutif. Par conséquent, le ministre de la Justice a le droit de leur donner des instructions dans l'exercice de leur fonction sur le fondement de l'article 24 du Code de procédure pénale applicable au Congo qui dispose que :

« Le ministre de la Justice peut dénoncer au procureur général les infractions à la loi pénale dont il a connaissance, lui enjoindre d'engager ou de faire engager des poursuites ou de saisir la juridiction compétente de telles réquisitions écrites que le ministre juge opportunes. »

Loin de vouloir donner des leçons de droit à quiconque, ce qui n'est pas le but de ce livre, cette incursion pédagogique a simplement pour objectif d'éclairer les profanes en droit sur des questions essentielles qui se rapportent à la procédure pénale. Car, rôle d'un intellectuel engagé c'est aussi celui d'éveiller les autres, comme disait en substance Jean Paul Sartre. En effet, le fétichisme juridique est si amphigourique que l'écrasante majorité du peuple ne comprend toujours pas pourquoi le ministre de la Justice peut-il enjoindre le procureur de poursuivre, alors que la justice doit être indépendante vis-à-vis du pouvoir politique. Malgré le slogan insignifiant et irréaliste selon lequel « nul n'est censé ignoré la loi », le commun des mortels l'ignore parfaitement et copieusement dans la mesure où l'inflation législative amplifiée par le déficit de vulgarisation des lois votées et promulguées, est telle que même les experts en droit ne sont pas censés les savoir toutes. D'où la nécessité de mise en place d'une véritable politique de vulgarisation des lois, qui opère au-delà de leur publication au Journal officiel, afin qu'elles soient largement portées à la connaissance du public. En fait, le principe de l'indépendance de la justice n'est pas absolu et varie selon la nature des systèmes judiciaires. C'est pourquoi, la mise en œuvre de ce pouvoir d'injonction est entourée de conditions qui fondent les garanties d'une bonne justice, afin d'éviter les abus. Ainsi, le procureur de la république ayant le droit de poursuivre ou de ne pas poursuivre, nonobstant l'existence d'un délit, en vertu du principe de l'opportunité des poursuites, peut-être déjugé au moyen d'une plainte avec constitution de partie civile déposée devant le doyen des juges d'instruction par une victime qui s'estime lésée. Cette procédure oblige le juge saisi d'examiner les faits de la cause. Comme on le voit, ce garde-fou constitue l'une des garanties qui participent du droit au juge, c'est-à-dire du droit à un procès équitable et aux voies de recours. Ce qui renforce les droits de la défense et contrebalance le rapport de forces entre le parquet et les justiciables.

Par ailleurs, force est de constater que ce droit qui confère d'énormes prérogatives au ministre de la Justice, membre du pouvoir exécutif, n'est pas une spécificité congolaise. Il existe aussi à l'échelle mondiale, notamment dans les grandes démocraties comme la France et varie selon les mécanismes d'organisations et de fonctionnement propres à chaque système judiciaire. Quoiqu'il en soit, les magistrats sont comme les membres qui complètent le corps humain dont la tête représente le pouvoir exécutif et le tronc le pouvoir législatif. L'office des magistrats est de dire le droit conformément à la loi et autres sources du droit. Pour être justes et efficaces les magistrats doivent faire preuve d'une conscience professionnelle exemplaire, de fermeté et d'éthique dans l'exercice de leur noble et délicate profession.

En effet, parmi les maux qui minent la justice congolaise il y a la lenteur dans le traitement des dossiers. Des fois, les justiciables attendent plusieurs mois, voire années, pour qu'un jugement ou un arrêt soit rendu. Ce qui ne milite pas en faveur du principe de la bonne administration de la justice et du respect des droits des justiciables. Or, il est un principe sacro-saint qui gouverne la justice et induit la paix sociale dans les rapports juridiques entre l'Etat et les administrés et entre les individus entre eux. C'est, comme dit plus haut, celui du droit au juge en vertu duquel le juge doit, entre autres, dire le droit dans un délai raisonnable.

Cependant, comme précisé lors des incursions du pouvoir exécutif dans le travail des magistrats du parquet, il sied de relever aussi que la lenteur qui mine la justice n'est pas spécifique au Congo. Elle sévit également sous d'autres cieux à des degrés variables selon les moyens dont disposent les magistrats pour exercer leur fonction. C'est ainsi, par exemple, que la France a plusieurs fois été condamnée par la Cour Européenne des Droits de l'Homme, CEDH, au motif qu'elle ne respecte pas le principe du délai raisonnable. Certes, le temps judiciaire requiert une attention soutenue et de la patience dans le traitement des affaires. Ainsi, les juges ne doivent pas confondre vitesse et précipitation. Ce qui exige de ne pas agir sous l'impulsion de l'émotion, de l'opinion publique et du jugement médiatique, obsédés par la célérité et le sensationnel.

La réalité quotidienne nous montre qu'un jugement hâtif est souvent source d'erreurs judiciaires. Il faut donc laisser le temps au temps, afin que les juges tranchent en toute sérénité et sans passion. Ce qui importe, c'est que ce temps ne soit pas déraisonnable.

En conséquence, la rupture dans le sens du changement des mentalités, en l'espèce, exige des magistrats le devoir de traiter les dossiers qui relèvent de leur compétence en respectant un temps suffisamment raisonnable de telle sorte que les affaires ne trainent pas en longueur. Mais, il incombe aussi à l'Etat fort de mettre à la disposition des magistrats les moyens idoines, en termes d'infrastructures et d'équipement qui puissent leur permettre de travailler sereinement et efficacement.

Outre le respect du délai raisonnable, les magistrats doivent aussi faire preuve de fermeté dans l'exercice de leur profession. En effet, les magistrats doivent avoir le courage de poursuivre les individus sur lesquels pèsent des indices laissant supposer qu'ils ont commis une infraction. Ils doivent aussi témoigner du même courage pour punir sévèrement, en vertu des circonstances de la cause, les prévenus et accusés traduits devant les juridictions répressives et autres justiciables relevant des juridictions civiles si la preuve de leur culpabilité est établie. Même si la sévérité dans la sanction ne met pas fin à la criminalité, force est de constater qu'elle contribue tout de même à en réduire les effets pervers, à éduquer les coupables et à dissuader les potentiels délinquants. Car, le laxisme et l'impunité sont des antivaleurs qui affaiblissent l'Etat de droit et ouvrent la porte à toutes sortes de comportements déviants. C'est dire que le droit sans la force est faible et la force sans le droit est injuste. Tout compte fait, dans le souci d'une bonne administration de la justice il convient de rechercher l'équilibre entre l'exigence de punition et le respect des droits de la défense. Comme disait un auteur « il faut faire en sorte que ce qui est juste soit fort et ce qui est fort soit juste ».

Enfin, les magistrats doivent témoigner d'une conscience professionnelle exemplaire. Ce qui requiert l'exigence éthique, c'est-à-dire du respect scrupuleux du code déontologique qui préside à l'exercice de leur fonction. Au-delà de la fermeté, la probité et l'impartialité dans le traitement des affaires doivent aussi sous-tendre le socle des valeurs qui militent en faveur de la bonne administration de la justice. L'exigence éthique dans l'exercice du métier de magistrat est d'autant impérative qu'un article publié le vendredi 06 février 2015 dans le journal *La Semaine Africaine* n° 3467 faisait déjà apparaître un vrai malaise au sein de l'institution judiciaire congolaise. Cet article faisait ressortir un rapport accablant établi en 2014 par l'inspection générale des juridictions et des services judiciaires. Selon ce rapport, 216 magistrats étaient mis en cause sur 464.

Trois ans après cette étude, la situation n'est sans doute pas meilleure et nécessite une vraie rupture d'avec les antivaleurs qui affectent la justice congolaise, eu égard aux faits divers concernant certains praticiens du droit. En ce sens, toutes les actions positives qui visent à fustiger, interpeller et sanctionner les mauvais magistrats et les auxiliaires de justice sont à féliciter et à encourager. Elles mettent en exergue la responsabilité des magistrats et contribuent à redorer l'image écornée de la justice congolaise. C'est cela le vrai sens de la rupture dans l'optique du changement des mentalités qui sied pour soigner l'image de notre justice.

Section IV. Quant au pouvoir médiatique

Il serait erroné de clore ce chapitre relatif au pouvoir sans évoquer un instant un autre pouvoir réel qui pimente la démocratie : le pouvoir médiatique. Comme les magistrats, les journalistes et les autres acteurs des médias ne sont pas à proprement parler des hommes politiques, mais de vifs acteurs sociaux investis d'un pouvoir considérable capable du meilleur et du pire. A travers leur fonction, les médias peuvent contribuer à l'élévation autant qu'à la déliquescence. En effet, c'est grâce à l'impact des médias que des personnalités du « showbiz » comme Ronald Reagan, Arnold Schwarzenegger, Sylvio Berlusconi ou Bernard Tapie ont fait carrière dans la politique. Ce pouvoir est si influent dans la vie démocratique que d'aucuns n'hésitent pas à le qualifier de quatrième pouvoir. C'est pourquoi, il sera traité sous cette rubrique. La liberté d'expression étant un pilier important de la démocratie, en ce qu'elle est celle qui permet l'existence de toutes les autres libertés, les canaux d'information qui favorisent son existence sont d'une importance considérable. Cependant, comme les autres pouvoirs énumérés dans les lignes qui précèdent, le pouvoir médiatique doit s'exercer dans le strict respect du code éthique qui préside à cette profession.

Ainsi, les journalistes doivent témoigner d'une rigueur intellectuelle aigue dans l'exercice de leur profession. Ce qui requiert l'objectivité, l'impartialité, l'indépendance et la probité. Bref, l'exaltation de la conscience professionnelle dont le déficit et la violation doivent être fustigés et sanctionnés, notamment, par le Conseil Supérieur de la Liberté et Communication, CSLC, qui est l'organe régulateur des médias au Congo. C'est dans ce sens que son président avait dénoncé le manque de professionnalisme de certains organes de la presse écrite qui s'enfoncent dans le sensationnel, la diffamation, les délits de presse et autres atteintes aux libertés, lors d'une rencontre tenue le 28 juillet à Brazzaville avec les présidents des associations et organisations non gouvernementales de défense des droits des journalistes.

En effet, le rôle des médias est non seulement d'informer et de divertir, mais aussi d'éduquer. Ainsi, ils constituent un paramètre important qui concourt au développement personnel et collectif. Tel un couteau à double tranchant, l'usage qu'on peut faire du droit d'informer, de distraire et d'éduquer est susceptible d'induire des conséquences catastrophiques au préjudice des individus et de la Nation. Pour que cette arme soit protectrice de la démocratie et propice à l'élévation, les détenteurs du pouvoir médiatique doivent placer l'éthique au cœur de leurs actions autant que les politiques et les magistrats qu'ils fustigent impitoyablement, à tort ou à raison.

Par conséquent, ils doivent d'abord faire preuve de patience dans le traitement de l'information, en prenant le temps nécessaire et raisonnable d'analyser sereinement les faits avant toute publication pour ne pas sombrer dans la rumeur. Comme dit plus haut, à propos des juges, le temps médiatique est si enclin à la vélocité qu'une information insuffisamment analysée et recoupée de façon rigoureuse débouche à la désinformation. En conséquence, elle est source de déstabilisation sociale et nuit affreusement à la perception individuelle. C'est pourquoi, en matière d'information un esprit prudent et éveillé peut tout admettre mais pas tout croire. A cet effet, il faut toujours faire preuve de discernement et de réserve, en confrontant les informations diffusées à l'épreuve de la réalité afin de séparer le bon grain de l'ivraie. Ceci est à la fois vrai à l'égard des journalistes que des consommateurs de l'information. Car, au marché noir des médias l'info et l'intox se disputent la vedette. Ensuite, un journaliste digne de ce nom doit être obsédé par la fiabilité de l'information et non par le journalisme spectacle résolument orienté vers l'affût du sensationnel. La fiabilité dont il doit faire montre exige de rapporter la preuve des faits allégués lorsqu'il s'agit de condamner certaines personnes par voie de presse. La fiabilité médiatique tient également au devoir de traiter l'information de façon objective, impartiale et indépendante.

En effet, la plupart des médias autant au Congo qu'ailleurs sont rarement objectifs, impartiaux et indépendants, selon les circonstances factuelles et l'état d'esprit des hommes et des femmes qui les animent. Dans *Une Introduction Critique Au Droit*, son auteur, Michel Miaille, écrivait que « le savoir historique n'est pas innocent ». Car, une opinion émise a tendance à exalter et à sauvegarder l'intérêt qu'elle défend. Cependant, la liberté d'opinion n'exclut pas l'esprit d'objectivité, d'impartialité et d'indépendance dans le traitement et la diffusion des informations mises sur la place public.

En France, par exemple, des journaux comme *Libération* et *Le Figaro* sont respectivement de gauche et de droite. Mais en dépit de leur connotation politique, il arrive souvent qu'ils fassent l'effort de critiquer objectivement et sans concession leur camp respectif. Au Congo, il est donné de constater un grand clivage idéologique entre les journaux qui exaltent systématiquement et avec zèle le pouvoir et ceux qui font autant en faveur de l'opposition. Rares sont ceux qui s'évertuent de faire preuve d'objectivité, d'impartialité et d'indépendance dans le traitement et la diffusion de l'information. Malheureusement, cette tendance apologétique de l'approche communicationnelle ne milite pas en faveur du développement et pervertit copieusement les consciences meurtries par la dictature médiatique. Or, la dictature des médias et la dictature intellectuelle sont autant dangereuses que la dictature politique. Car, elles séquestrent l'homme dans la pensée unique, le manipulent et pervertissent sa Raison. Véritable caillot qui empêche la circulation du sang dans les vaisseaux, la pensée unique est mortifère pour l'homme. Enfin, les journalistes et autres acteurs des médias doivent aussi témoigner de la probité dans l'exercice de leur profession. Ce qui implique le strict respect de l'éthique qui doit les préserver de la corruption aux fins de diffuser des informations tendancieuses au service du vice idéologique et au détriment de la Nation. De ce fait, ces journalistes et autres acteurs des médias sont comme des mercenaires médiatiques à la solde des forces obscures qui les corrompent pour servir des intérêts indignes et nourrissent grassement le journalisme de caniveau.

Par conséquent, la rupture d'avec les antivaleurs dans la perspective du changement des mentalités doit conduire les journalistes et autres acteurs des médias à faire preuve d'exemplarité et de conscience professionnelle qui impliquent une épaisse rigueur intellectuelle au service de la vertu républicaine, au moyen de l'information et non de la désinformation.

Chapitre II

LE CHANGEMENT DES MENTALITES A L'EGARD DE L'OPPOSITION

L'opposition est l'une des mamelles de la démocratie. En apportant la contradiction elle permet non seulement de faire vivre la démocratie, mais aussi d'éclairer les détenteurs du pouvoir dans l'accomplissement de leurs tâches. Ce qui les aide à servir l'intérêt général, d'une part, et les dissuade de commettre des actes répréhensibles, d'autre part. Cette dissuasion est plus forte aujourd'hui. Car, la constitution issue du référendum du 25 octobre 2015 induit un régime parlementaire qui confère aux députés le droit de renverser le gouvernement au moyen d'une motion de censure ou du refus d'accorder la confiance au Premier ministre. C'est dire que l'opposition congolaise occupe une place considérable dans le contrôle de la mise en œuvre de la politique de la Nation conduite par le gouvernement. Ceci étant, pour mener à bien cette importante mission au service de l'intérêt général, l'opposition doit, au même titre que le pouvoir, faire preuve d'un sens élevé du devoir républicain. Par conséquent, elle doit placer l'Ethique au cœur de toutes ses actions socio-politiques. En tant que contre-pouvoir, elle doit être responsable, patiente, intègre et visionnaire.

En effet, « une démocratie stable ne peut fonctionner que si l'opposition a aussi le sens de l'Etat », disait Michel Rocard. Qu'est ça dire ? Une opposition responsable est celle qui doit commencer par la mise en place de son organisation. Ainsi, elle doit être bien structurée autour des hommes et des femmes disponibles qui travaillent au sein d'organes et des cellules utiles à la mise en mouvement de son projet de société et l'élaboration d'une stratégie globale de prise de pouvoir. En tant que contre-pouvoir, cette organisation doit consister, entre autres, à mettre en place un contre-gouvernement composé de membres compétents. Ce gouvernement ne doit pas être un gouvernement parallèle ayant pour but de contrecarrer systématiquement les actions du gouvernement légalement établi et animé par le pouvoir en place. Mais, il doit être une structure dotée de postes ministériels, à l'instar du pouvoir, et qui travaille comme un vrai gouvernement de la République en faisant des contre-propositions au service de l'intérêt supérieur de la Nation. L'avantage d'une telle organisation est de permettre à l'opposition, une fois arrivée au pouvoir, d'être prête à déterminer et à conduire la politique socio-économique de la Nation, en faisant preuve de la maîtrise des dossiers y afférents. Tel un bon chasseur qui ne doit pas attendre la vue d'un animal pour affûter son arme, une bonne opposition doit être celle qui n'attend pas la prise du pouvoir pour commencer à s'organiser dans la perspective de déterminer et conduire la gouvernance des affaires de l'Etat.

Or, dans la configuration socio-politique actuelle au Congo, à l'organisation et à la force du pouvoir en place se démarque une opposition, dite radicale, mal organisée et notoirement faible. Cette désorganisation enrobée d'impuissance est perceptible à travers sa désunion et son incapacité à peser convenablement sur l'échiquier national dans l'optique de conquête du pouvoir.

En dehors de son organisation structurelle, l'opposition doit être constructive. En effet, une opposition démocratique ne doit pas simplement se contenter de s'opposer pour s'opposer. Elle doit s'opposer à la politique initiée par le pouvoir en place en faisant des contre-propositions de nature à contribuer au développement du pays. C'est dire qu'elle peut aussi, dans certaines circonstances, reconnaître le bien-fondé de la politique gouvernementale lorsqu'elle tend à servir l'intérêt général. Ainsi, au lieu de s'y opposer systématiquement elle doit au contraire accompagner le gouvernement de la République à la réussite puisque son action ne vise qu'à permettre le développement socio-économique du pays. A cet effet, les parlementaires de l'opposition ne sont pas obligés de bloquer systématiquement tous les projets de loi au motif qu'ils sont conçus à l'initiative du pouvoir exécutif auquel ils s'opposent. Au contraire, lorsqu'un projet de loi vise à défendre les intérêts du peuple, véritable propriétaire du pouvoir, tous les élus de la Nation, quel que soit leur coloration politique ou idéologique, doivent faire preuve de patriotisme pour voter en faveur d'un tel projet. C'est dire que l'opposition constructive est tout, sauf celle qui consiste à dire systématiquement non à tout ce que pense et dit le pouvoir. A telle enseigne que si le Président de la République dit que le soleil se lève à l'Est et se couche à l'Ouest, l'opposition doit lui répondre systématiquement non, alléguant au contraire que le soleil se lève à l'Ouest et se couche à l'Est. Cette espèce d'opposition primaire, systématique, obsessionnelle, voire même hystérique est irresponsable et destructrice dans la mesure où elle ne participe guère de la construction de la démocratie et du développement national.

Une opposition responsable, c'est aussi celle qui doit témoigner du « fair-play ». En ce sens, elle ne doit pas systématiquement contester les résultats d'élections remportées par le pouvoir. Car, cette attitude tendancieuse et irresponsable constitue une entrave à l'enracinement de la démocratie et à la marche vers le développement intégral. En Afrique, en général, et au Congo, en particulier, rares sont les cas où l'opposition reconnaît la victoire du pouvoir auquel elle s'oppose aux élections. Ce, même si tous les observateurs nationaux et internationaux reconnaissent la régularité des scrutins querellés. Au Congo, cette tendance n'est pas nouvelle puisqu'elle ne remonte pas qu'aux dernières élections organisée sous le règne du Président Denis Sassou N'Guesso.

Elle a également existé après les premières élections démocratiques organisées en 1992, au sortir de la Conférence nationale souveraine, par une commission nationale indépendante supervisée par les représentants de la communauté internationale. Cette contestation avait d'abord commencé après l'élection du Président Pascal Lissouba par son rival malheureux d'alors, Bernard Kolélas, en dépit du score sans appel de 61% pour le premier contre 39% pour le second. Tous les Congolais se souviennent sans doute que c'est le même entêtement à contester systématiquement la victoire des autres lors des législatives anticipées de 1993, malgré l'évidence de la transparence et la caution de la communauté internationale, qui avait conduit notre jeune démocratie à sombrer dans la guerre civile de 1993/1994 aux conséquences atroces et catastrophiques.

Une opposition responsable, c'est aussi celle qui doit se batailler avec le pouvoir à la régulière en lui mettant une forte pression dans le but du changement salutaire. Par conséquent, elle ne doit pas refuser systématiquement de prendre part aux joutes électorales, encore moins aux forums citoyens organisés pour dialoguer et discuter sur les questions essentielles qui concernent les affaires de la Nation, quand bien même ils seraient organisés par le pouvoir en place. Car, l'histoire de l'humanité des origines à nos jours montre que la politique de la chaise vide est contre-productive.

Elle n'a jamais entraîné le renversement d'un gouvernement et permis à l'opposition d'accéder au pouvoir. Au contraire, elle a toujours affaibli et décrédibilisé l'opposition et conforté le pouvoir en place.

En effet, à l'aune de la Révolution française de 1789 si le tout puissant roi Louis XVI fut renversé, c'est parce que les hommes et les femmes de l'époque épris de liberté et de changement de régime avaient accepté de prendre part aux Etats généraux organisés à l'initiative du roi contesté. C'est dire que s'ils avaient fait la politique de la chaise vide, la grande Révolution française de 1789, inspirée par les intellectuels du siècle des Lumières et génératrice de liberté, d'égalité et de démocratie, n'aurait pas eu lieu. En politique, les rapports de forces n'étant pas irréversibles, il est parfois bon d'avoir le courage et l'intelligence de combattre le pouvoir auquel on s'oppose sur son propre terrain. La Révolution française de 1789 autant que la révolution américaine de 1773, qui la précéda, sont la parfaite illustration qu'en politique les rapports de forces ne sont pas irréversibles. C'est ainsi que les USA qui naguère furent colonisés et dominés par les Anglais triomphèrent de ces derniers. Aujourd'hui, ils ont largement pris l'ascendant sur eux. Comme quoi, à force de courage, d'intelligence et de bonne stratégie un renard rusé peut vaincre le lion, à l'instar de David qui triompha de Goliath.

Ensuite, en dehors du sens de responsabilité, l'opposition démocratique doit être patiente et intègre. En effet, au rythme d'un cultivateur qui doit d'abord mettre la terre en jachère avant de semer la graine, l'arroser, débroussailler de temps en temps, jusqu'à obtenir un arbre fruitier, l'opposition doit aussi s'inscrire dans la durée et faire preuve de patience. Comme le juge et le journaliste astreints à observer un temps raisonnable dans l'exercice de leurs professions respectives, l'opposition doit également observer un temps suffisamment utile et raisonnable pour se préparer à conquérir, exercer et conserver le pouvoir. Ainsi, elle ne doit pas confondre vitesse et précipitation. C'est dire qu'après la défaite à une élection, elle doit en prendre conscience en tirant profit des enseignements qui s'y rapportent et attendre les prochains scrutins en toute lucidité et sérénité au lieu de semer le désordre dans le but délibéré de contester pour contester, afin de provoquer d'autres élections de façon anticipée. Et puis, l'opposition doit également faire preuve d'intégrité morale. En effet, en interne, elle doit, en dehors de sa structuration, faire fonctionner correctement la démocratie en son sein. Ce qui l'oblige à respecter la liberté d'expression des membres qui la composent, l'esprit de contradiction et de confrontation des idées qui s'expriment souvent au travers de l'existence des courants de pensée divergents. Car, la réalité montre que la plupart des leaders politiques de l'opposition sont beaucoup plus exigeants envers le pouvoir auquel ils s'opposent, en l'accusant de les priver de la liberté d'expression, alors qu'au sein de leurs propres formations politiques ils font autant envers leurs membres et militants. Dans le même ordre d'idées, ils reprochent souvent au pouvoir d'exalter le culte de la personnalité alors qu'eux-mêmes le pratique vis-à-vis de leurs militants et sympathisants. Toujours dans le même sens, ils reprochent souvent au pouvoir en place de briller par les malversations financières, le népotisme, l'instinct grégaire et les coups tordus pendant qu'eux-mêmes n'en sont pas exemplaires. Comme quoi, les bons conseillers et moralisateurs ne sont pas toujours exempts de reproches : « la morale ce n'est pas ce qu'on impose aux autres, mais ce qu'on impose à soi-même », disait Emmanuel Kant dans *L'Education Morale*. En externe, l'opposition doit être exigeante à l'égard du pouvoir tout en ne se laissant pas manipuler par ce dernier. Ainsi, elle ne doit pas confondre démocratie et « ventrocratie », se livrant piteusement à la prostitution politique pour servir les intérêts égoïstes au mépris de l'Ethique républicaine. C'est le cas de certains membres de l'opposition congolaise qui critiquent le pouvoir le jour et n'hésitent pas à se compromettre avec lui la nuit, moyennant argent. L'opposition intègre, c'est aussi celle qui doit témoigner d'un patriotisme aigu. A cet effet, dans la mise en œuvre de leur politique, les membres de l'opposition doivent placer l'intérêt supérieur de la Nation au-dessus de leurs intérêts personnels souvent englués dans les querelles de politique politicienne.

Ainsi, ils doivent s'évertuer de transcender les querelles de politique intérieure et s'accorder avec le pouvoir lorsqu'il s'agit de défendre les intérêts du Congo à l'extérieur. En effet, ce qui fait la force des grandes démocraties occidentales, c'est que malgré les querelles de politique intérieure, lorsqu'il s'agit de défendre les intérêts de leurs pays à l'extérieur, les hommes politiques de gauche et de droite font tous bloc autour de la Nation. C'est notamment le cas de la France et des USA.

Par ailleurs, l'opposition doit également faire preuve de transparence dans l'accomplissement d'actions de différentes sortes. C'est dire, en toute logique républicaine saupoudrée d'un zest de patriotisme, que l'article 55 de la constitution actuelle qui consacre comme ses devancières le principe de la déclaration du patrimoine, cette exigence doit concerner aussi bien le pouvoir que l'opposition. L'étendue de cette exigence à l'opposition se justifie à double titre. D'une part, elle est légitime en ce qu'elle emporte indiscutablement l'assentiment du peuple qui veut que les hommes politiques, quel qu'ils soient, brillent par l'exemplarité. D'autre part, la configuration socio-politique au Congo montre que l'opposition recèle en son sein plusieurs leaders et cadres qui sont transfuges du pouvoir qu'ils combattent aujourd'hui. Or, en servant ce même pouvoir de près comme de loin, ils se sont copieusement enrichis et possèdent des patrimoines d'une valeur inestimable composés de biens situés au Congo et à l'étranger pour certains d'entre eux. Alors, pourquoi les membres de l'opposition, notamment leurs leaders, ne devraient-ils pas aussi déclarer leurs patrimoines ?

Enfin, l'opposition démocratique doit aussi être visionnaire. En effet, elle doit s'ouvrir sur l'avenir et non se cloîtrer dans des schèmes étriqués et dépassés sans aucune ambition prospective. Telle l'aigle qui symbolise les USA, l'opposition doit avoir une vision panoramique pour bien appréhender de manière apodictique tous les enjeux actuels, en ressassant minutieusement le passé pour comprendre le présent afin de bien préparer l'avenir. Car, celui qui oublie le passé n'a pas d'avenir. C'est en procédant de cette manière qu'elle peut échafauder un vrai projet de société dans la perspective de proposer au peuple une politique alternative. C'est dire que l'opposition ne doit pas confondre l'alternative et l'alternance. Car, l'alternance consiste seulement à dire « ôte-toi de là que je m'y mette », comme aime-t-on dire, sans forcément proposer une politique autre que celle à laquelle on s'oppose. En revanche, l'alternative consiste à proposer une autre politique que celle appliquée par le pouvoir en exercice, sous-tendue par des moyens réels qui puissent permettre sa réalisation pratique. Car, ce n'est pas tout de promettre et proposer. Encore faut-il avoir les moyens de sa politique. Donc, la vraie politique alternative est celle qui doit être débarrassée de toute tendance démagogique aux fins de flagorner le peuple.

Tout compte fait, la rupture d'avec les antivaleurs qui minent notre démocratie dans le sens du changement des mentalités tant souhaité, autant par le pouvoir que l'opposition, doit s'inscrire dans la refondation lucide et salutaire de l'opposition.

Deuxième partie

LE CHANGEMENT DES MENTALITES A L'EGARD DU PEUPLE

« Tout pouvoir repose sur le consentement du peuple », disaient en résumé Jean Claude Barreau et Guillaume Bigot dans *Toute L'histoire du Monde*. Ainsi, quand le peuple ne veut plus, aucun pouvoir ne lui résiste quel que soit la nature du régime. Du déclin de l'empire romain au printemps arabe, en passant par l'effondrement du communisme, l'histoire de l'humanité pullule d'exemples qui corroborent cette assertion. Or, la démocratie étant, par définition, le pouvoir du peuple par le peuple et pour le peuple conforte son importance socio-politique. Comme les autres composantes de la démocratie, le peuple doit prendre conscience de son importance et changer profondément ses mentalités dans le sens du développement personnel et collectif. Cette exigence gravite autour de l'exaltation de l'éducation et de l'engagement personnel au service de la Nation.

Chapitre I

L'EDUCATION COMME MOYEN INDISPENSABLE AU CHANGEMENT

Nelson Mandela disait : « L'éducation est l'arme la plus puissante pour changer le monde. » Cette vérité est si incontestable et amplifiée par l'affirmation de Danton selon laquelle « après le pain, l'éducation doit être la priorité du peuple », qu'un Etat fort, c'est aussi celui qui ne doit pas lésiner sur les moyens pour investir massivement dans l'éducation nationale. Comme affirmé dans mon livre intitulé *Pamphlet contre le Tribalisme au Congo*, paru le 30 août 2016 aux éditions Edilivre à Paris, pour que l'éducation soit efficiente elle doit s'opérer graduellement, c'est-à-dire à tous les stades de la vie en société. Or, la société est un salmigondis composé de plusieurs institutions qui concourent chacune dans le sens du progrès. Pour ce faire, l'éducation doit commencer par celle inculquée par la cellule de base qu'est la famille avant de se mouvoir vers celle donnée par la Nation et le mouvement associatif.

En effet, la famille est le berceau social de l'homme. De son éducation de base dépendent son comportement et l'influence positive ou négative qu'il peut exercer sur la société.

Car, l'homme est la fois le produit de son environnement et un acteur essentiel qui contribue à la transformation de la société. Après la famille, l'homme fréquente d'autres sphères sociales dans le cadre de son évolution. C'est ainsi, qu'à l'éducation familiale de base s'ajoute celle dispensée par la Nation doublée éventuellement de celle afférente au mouvement associatif. Quoiqu'il en soit, l'Etat étant l'institution primordiale et la plus importante dans l'ordonnancement de la société, l'éducation nationale revêt donc une importance considérable. Non seulement qu'elle complète l'éducation basique relevant de la famille, mais elle contribue aussi de manière efficace à transformer la société et à la conduire vers le développement intégral. Dans sa mise en œuvre pratique, l'Etat doit enjoindre aux familles, aux associations et aux autres institutions fixées sur son territoire de relayer dans leurs secteurs respectifs les préceptes de l'éducation nationale. A cet effet, l'assertion de Nelson Mandela trouve tout son sens réel. Concrètement, l'Etat fort doit insuffler et promouvoir les valeurs qui sous-tendent l'Ethique républicaine au service de la Nation. Par conséquent, il ne doit ménager aucun effort pour inculquer et faire respecter rigoureusement ces valeurs. Parmi ces valeurs il y a la conscience professionnelle, la discipline, la rigueur, la probité, la tolérance et l'amour de la patrie. En effet, la conscience professionnelle est un impératif qui doit être ancré d'une manière ou d'une autre dans le logiciel mental de tous les Congolais.

Car, elle est une constance incontournable au développement, en ce qu'elle constitue le ciment de tout travail effectué. De la même manière que « science sans conscience n'est que ruine de l'âme », comme disait François Rabelais, un travail effectué sans conscience professionnelle n'est que ruine de la Nation. A l'antivaleur d'inconscience professionnelle qui ruine profusément notre développement socio-économique, il faut lui opposer l'exigence de conscience professionnelle comme antidote salvateur.

Au Congo, la fonction publique est le premier employeur de l'Etat. Selon les prévisions statistiques la masse salariale des agents de l'Etat dépassera 400 milliards de FCFA en 2017. Ce qui traduit le poids hippopotamesque de la charge de la fonction publique sur les finances publiques. Or, la majorité des agents qui officie en tant que fonctionnaires ou contractuels dans la fonction publique témoigne d'un épais déficit de conscience professionnelle qui mine notre développement, contrairement aux travailleurs qui évoluent dans le secteur privé. Ce contraste procède sans doute du fait que les entreprises privées sont plus rigoureuses dans la gestion financière, en général, et celle du personnel, en particulier, par rapport à ceux qui évoluent dans le secteur public au Congo. Cette inconscience professionnelle aigue est perceptible à travers les pis errements et turpitudes qui nous tirent vers le bas : la paresse, l'indiscipline, la concussion, la corruption, le manque de ponctualité etc. C'est dans ce sens que le Premier ministre fustige certains agents de la fonction publique qui se croient en colonie de vacances ou dans la cour de récréation. Il est triste et révoltant de constater que la notion de ponctualité n'existe quasiment pas dans la fonction publique. L'écrasante majorité des agents qui travaille dans l'administration, les entreprises et services publics sont notoirement en retard.

Sauf lorsqu'il s'agit de faire l'appoint pour percevoir leur rémunération. Pire, ils n'accomplissent pas leurs tâches en respectant le volume horaire légal. Au Congo, le travail commence officiellement à 7 heures et se termine à 14 heures, en vertu du régime juridique de la fonction publique. Or, en réalité, nombreux sont des agents publics qui arrivent après l'heure prescrite et partent souvent avant l'heure indiquée pour terminer. Le comble de l'inconscience professionnelle, c'est que plusieurs agents de la fonction publique se livrent à des activités parallèles sur les lieux de travail en marge des tâches pour lesquelles ils sont employés. Le pire du comble de cette éléphantesque inconscience professionnelle, c'est que certains agents de l'Etat n'hésitent pas à s'absenter indument pour les besoins de leurs commerces, en allant sous d'autres cieux acheter et exporter de la marchandise qu'ils dédouaneront ensuite au Congo. Cette absence peut durer en moyenne dix jours. Ajoutés à une semaine qu'ils doivent encore prendre après leur retour pour aller à Pointe-Noire, ville maritime, dédouaner et faire écouler leur marchandise sur le marché, ce temps peut au final être allongé à deux semaines en moyenne. Comme on le voit, en un mois ces agents sans scrupule n'auront travaillé, en réalité, que pendant deux semaines au plus sur les quatre semaines requises. Ce qui constitue un véritable frein au développement dans la mesure où cette absence affecte affreusement leur rendement. Pour couronner ce spectacle hideux, en guise de cerise sur l'indigeste gâteau, ils n'hésitent pas à fustiger le gouvernement en cas de retard dans le paiement de leurs traitements et salaires. Ce comportement est si fréquent et à la mode qu'il revêt une ampleur manifestement négative. En conséquence, dans le souci de lutter efficacement contre ces antivaleurs et favoriser le développement socio-économique de notre pays, l'Etat doit prendre des mesures fermes pour sanctionner sévèrement ces agents irresponsables. De la suspension à la radiation pure et simple les moyens ne manquent pas aux pouvoirs publics pour sévir dans ce sens. Quoiqu'il en soit, la meilleure manière de lutter contre cette mentalité morbide, c'est d'instaurer un contrôle strict d'assiduité au travail « au moyen d'un système électronique en liaison avec les services de la solde du ministère des finances », comme l'avait souligné le Premier ministre dans son discours évoqué en introduction. Par conséquent, à la fin du mois chacun sera payé au prorata des heures réellement effectuées comme dans les entreprises privées. C'est cela le vrai sens de la rupture d'avec les mentalités perverses qui nous tirent vers bas. Certains Congolais se souviennent peut être encore de la rigueur dont fit montre le gouvernement en exercice de 1977 à 1979 sous la houlette du Comité Militaire du Parti. Le gouvernement d'alors avait imprimé une puissance si forte à l'Etat que la discipline, la fermeté, la rigueur et la sanction des comportements déviants, notamment, l'inconscience professionnelle, la paresse et la gabegie avaient largement suffi en si peu de temps pour remettre les Congolais au travail sans sourciller. La rigueur exercée par le pouvoir à cette époque était si énorme et efficace que certains agents de l'Etat fussent obligés d'écourter leur petit déjeuner ou d'éviter carrément de le prendre au risque d'arriver en retard sur leurs lieux de travail respectifs. Plus cocasses sont des scènes quotidiennes où l'on voyait certains de ces agents courir comme des athlètes en forme olympique, en se peignant même dans la rue ou en se boutonnant les chemises, afin de ne pas rater les bus qui assuraient leur transport. Car, les retards et les absences injustifiés étaient très sévèrement et solennellement sanctionnés, notamment par la suspension des salaires. A cette époque, le contrôle des agents de l'Etat se faisait simplement au moyen des bordereaux tenus par les militaires à l'entrée de chaque lieu de travail. Ce qui est absurde c'est qu'en occident les travailleurs immigrés africains sont plus consciencieux au travail qu'ils ne le sont dans leurs propres pays.

La conscience professionnelle, c'est aussi celle qui doit être exigée dans le domaine de la santé. En effet, les agents de santé publique doivent briller par un professionnalisme exemplaire conformément à la déontologie et au serment d'Hippocrate qu'ils ont prêté pour exercer leur profession, en l'occurrence les médecins. Ainsi, à la réception des patients qui se présentent à eux la moindre préoccupation qui doit les animer c'est de les traiter correctement et humainement et non conditionner leur traitement au versement systématique et illégal d'une somme d'argent. Dans le même ordre d'idées, le principe de la gratuité de certains soins doit être scrupuleusement respecté et assorti de sanctions à l'encontre des contrevenants. C'est le cas de la césarienne gratuite et de bien d'autres maladies. Toujours dans le domaine de la santé publique, les professionnels et autres agents qui y officient doivent également respecter le principe de la solidarité nationale qui implique d'octroyer gratuitement certains médicaments en faveur de certains types de patients. Car, dans la réalité, il est scandaleux de constater que certains agents véreux détournent sans pudeur des médicaments destinés gratuitement à ces patients aux fins de commercialisation. Aux établissements de santé publique se juxtaposent aussi les cliniques privées. Leur existence n'est pas en soi une mauvaise chose, car elles suppléent les carences des centres hospitaliers publiques et contribuent ainsi au développement du secteur national de santé.

A cet effet, elles sont comme les bonnes écoles privées qui pallient les insuffisances de l'enseignement public. Mais, l'autorisation de cette option n'exclut pas le respect des normes strictement requises pour l'existence de ces structures. Par conséquent, l'Etat doit être très exigeant et sévère vis-à-vis des professionnels de santé qui souhaiteraient ouvrir des cliniques privées. L'octroi d'agrément doit être assorti d'un contrôle strict en termes de compétence, de moralité, d'infrastructures et d'équipement adéquats. Dans ce domaine, l'inflation des cliniques qui poussent comme des champignons, dont on ne sait pas s'ils sont comestibles ou vénéneux, est telle que certaines d'entre elles laissent à désirer. En effet, les infrastructures qui les abritent sont parfois de vieilles habitations familiales transformées pour faire office d'établissements de soins, à l'instar de ceux qui abritent les écoles privées de fortune dénoncées dans les développements antérieurs. Ces espèces de « ghettos sanitaires » sont si immondes, pour la plupart, qu'ils constituent un grand danger contre la santé publique. Car, la première garantie en termes de santé publique c'est le respect de l'hygiène. On ne va pas dans un établissement de soin pour y attraper d'autres maladies, dont la majorité est due au manque d'hygiène, mais pour y être correctement soigné en toute sécurité. Selon un constaté relaté dans *Les Dépêches Brazzaville* n° 2699 du mercredi 31 août 2016, 90% d'établissements sanitaires privés ne sont pas conformes aux exigences légales d'exercice libéral de la médecine au Congo. Ce constat est si alarmant qu'il a été confirmé par le Professeur Richard Bilekot, inspecteur général de la santé : « Les hôpitaux publics reçoivent régulièrement des patients ayant reçu des soins inappropriés dans certains de ces cabinets médicaux. La police et la gendarmerie ont enregistré de nombreuses plaintes relevant la mise en danger de la santé d'autrui, avec dans certains cas, des complications graves et des décès. » Pour régler ce grave problème, la ministre de la Santé, Jacqueline Mikolo, avait décidé de la fermeture de ces établissements sanitaires illégaux par le truchement d'une circulaire du 16 juillet 2016 sur la lutte contre l'exercice illégal des professions de santé et la mise en danger de la santé d'autrui. Cette décision est à féliciter et à encourager parce qu'elle permet de combattre fermement les comportements déviants et témoigne de l'exaltation d'un Etat fort. Il en va de même pour l'ouverture des pharmacies et de la commercialisation des médicaments. Dans ce secteur, le développement excentrique et illégal des pharmacies de fortune abritées par des kiosques qui naguère servaient à vendre des cigarettes est vertigineusement inquiétant. Pire, la commercialisation des médicaments par des marchands sans scrupule au mépris de la moindre règle d'hygiène et de sécurité sanitaire ne milite pas en faveur de la bonne politique de santé publique. Car, parmi leur camelote se trouvent de faux médicaments, des médicaments mal conditionnés, dont la plupart sont exposés au soleil, et des médicaments périmés. Toute cette panoplie constitue des médicaments illicites. Or, leur consommation est particulièrement nuisible à la santé. Il incombe donc à l'Etat fort de veiller à la santé publique au moyen d'un profond changement des mentalités en ce domaine vital. A l'instar des sanctions infligées aux cabinets médicaux illégaux, le ministère de la santé doit appliquer la même fermeté à l'encontre des officines illégales et des marchands sans scrupule ni vergogne des médicaments illicites. Cependant, à la fermeté répressive, il convient aussi d'y ajouter des mesures préventives comme l'éducation aux fins de conscientisation des masses.

Toujours dans le domaine de la santé, le peuple doit surtout prendre conscience des dangers de l'automédication. La plupart de nos compatriotes ont la mauvaise habitude de deviner de quelle maladie souffrent-ils en fonction d'un diagnostic qui relève de leur pure imagination et non d'une réelle expertise médicale. A cet effet, ils s'administrent eux-mêmes des traitements sans recourir à l'expertise d'un spécialiste. Ce qui est fort dangereux, car en cas d'erreur sur la vraie nature de la maladie soupçonnée, le traitement inapproprié peut entraîner des conséquences graves voire même dramatiques. C'est pourquoi, le vrai changement des mentalités dans ce sens est d'avoir systématiquement le réflexe de consulter un spécialiste en cas de maladie.

Ce n'est que sur la base d'un diagnostic réellement établi qu'il pourra être en mesure de prescrire aux patients le traitement qui sied. Il incombe aussi à l'Etat d'organiser des campagnes de large sensibilisation pour informer et éduquer les populations à cet effet.

En dehors de la césarienne gratuite, le gouvernement congolais avait aussi décidé de la gratuité de certains documents administratifs. C'est le cas de la délivrance des actes d'état civil, du casier judiciaire, du certificat de nationalité et du passeport. Malgré cette gratuite, certains agents réfractaires et éperdus d'inconscience professionnelle font fi de cette mesure réglementaire et continuent de réclamer indument, en leur faveur, le paiement d'une somme d'argent pour l'établissement de ces actes. Si le principe de la gratuité demeure, en général, celui de la délivrance du passeport a été malheureusement bafoué. Ce qui a poussé l'Etat à rendre de nouveau la délivrance du passeport payante. Ce recul face à l'opiniâtreté abjecte de certains agents véreux au mépris des prescriptions réglementaires témoigne de la faiblesse de l'Etat et nourrit le laxisme et l'impunité. Or, le laxisme et l'impunité sont des terreaux favorables aux antivaleurs qui freinent notre développement. A cet effet, on ne cessera de répéter que l'Etat doit faire preuve de force et de fermeté impitoyables, afin de punir sévèrement les contrevenants et se faire respecter.

En ce sens, la fermeté affichée par le ministre de la Justice pour faire respecter la gratuité de la délivrance du casier judiciaire et du certificat de nationalité par l'administration judiciaire, en sanctionnant les agents véreux, est à saluer et à encourager. Il serait souhaitable qu'il en soit ainsi dans d'autres domaines pour ce qui concerne les autres actes administratifs.

Par ailleurs, il sied de souligner qu'il n'y a pas de conscience professionnelle sans l'exigence de probité. En effet, la corruption, la concussion et la fraude sont devenues si prégnantes dans la fonction publique qu'elles ont considérablement perverti les mentalités de certains agents de l'Etat. L'exubérance de cette gangrène est si gravissime que les créanciers de l'Etat sont parfois contraints d'octroyer 40% du montant de leurs créances aux agents véreux des services des finances pour se faire payer. Cette exigence mafieuse mise en place par ces délinquants économiques cause un énorme préjudice aux opérateurs économiques et mine dangereusement le développement du monde des affaires. De la même manière, les postulants au recrutement, au reclassement et à la promotion dans la fonction publique sont parfois obligés d'user de corruption, de concussion et de fraude pour arriver à leur fin. Conscients de la dangerosité de ces phénomènes vicieux, les pouvoirs publics avaient mis en place des organes de lutte contre ces fléaux, comme évoqué plus haut.

Ce qui importe maintenant c'est qu'ils exercent pleinement leur mission. Mais, n'ayant pas le pouvoir de sanction c'est à la justice de prendre le relais pour engager les poursuites à l'encontre des contrevenants eu égard aux dossiers qui lui sont transmis.

Dans le même registre, il convient de souligner que la discipline républicaine est aussi un paramètre capital dont le respect et l'application stricts sont un ressort du développement. En effet, la discipline est l'ensemble des normes qui régissent les institutions sociales et impliquent un comportement obéissant. Sans elle, la vie en société serait une véritable billebaude et conduirait à la catastrophe. La discipline républicaine exige d'abord le respect des civilités, utiles pour le bien-vivre ensemble. Dans les années 70 on enseignait la discipline à l'école primaire sous forme d'éducation civique ayant pour support le Code du pionnier que chaque élève devait retenir par cœur, réciter chaque matin en classe et respecter strictement. Ce code avait une influence positive si importante que la jeunesse de cette époque était très stricte, disciplinée, obéissante et très respectueuse à l'égard des aînés et de la Nation. Il suffit de dérouler la teneur de ce code pour mesurer l'ampleur de sa richesse et son impact positif sur le formatage des mentalités par le canal de l'éducation nationale :

- Article premier : « Le pionnier est un militant conscient et efficace de la jeunesse dans tous ses actes. Il obéit aux ordres du parti. »

- Article 2 : « Le pionnier respecte la nature, la transforme utilement. Il a le respect des biens d'autrui et des biens publics. »

- Article 3 : « Le pionnier est économe, discipliné et travailleur. Il accomplit sa tâche jusqu'au bout. »

- Article 4 : « Le pionnier dit toujours la vérité. Il est propre dans son corps, ses paroles et ses actes. »

- Article 5 : « Le pionnier aime, respecte ses parents et tous ceux qui œuvrent pour le bien-être du peuple. »

- Article 6 : « Le pionnier est toujours de bonne humeur. Il aime et aide ses camarades. »

- Article 7 : « Le pionnier se dévoue pour son pays. Il est foncièrement anti-impérialiste et anticapitaliste. »

- Article 8 : « Le pionnier défend la révolution, la soutient fermement, l'anime et honore ses héros. »

- Article 9 : « Le pionnier accepte la critique et l'autocritique comme actes de se perfectionner. »

- Article 10 : « Le pionnier soutient la lutte pour la paix, la liberté, l'amitié entre les peuples. »

L'impact induit par ce code était si fort que la jeunesse d'alors fût exemplaire et très discipliné. Ainsi, quand on demanda à un coopérant européen qui fit le tour de l'Afrique dans les années 80 de résumer en un seul mot l'état d'esprit de chacun des pays qu'il avait visités, il dit notamment à propos du Sénégal : « commerce », du Cameroun : « affairisme », du Zaïre : « débrouillardise », du Congo : « discipline » ! Aujourd'hui, si le même coopérant revient au Congo il supplantera sans doute le mot « discipline » par un autre qui sera plus en phase avec les antivaleurs qu'avec l'Ethique républicaine. En effet, notre pays connait une évolution exponentiellement négative de la crise de moralité dans tous les domaines de la vie en société et au sein de toutes les catégories générationnelles. Cette crise morale est si épaisse au niveau de la jeunesse que les valeurs d'Ethique républicaine qui lui faisaient honneur jadis sont écrabouillées par les antivaleurs d'incivisme, d'incivilités et de paresse enrobées de morgue et de turpitude. Pour redorer l'image morale de notre pays, à travers celle de la jeunesse notamment, l'Etat fort doit exalter l'enseignement de la morale républicaine à tous les stades de l'éducation nationale.

Aussi, doit-il enjoindre aux parents et aux associations de relayer la transmission de ces valeurs respectivement dans les familles et la sphère associative. Pour ce faire, la restauration de l'ancien code du pionnier adapté à l'évolution de la société actuelle ne serait pas une mauvaise chose pour meubler l'éducation civique à l'école. C'est ainsi que l'exigence formulée par le Président de la République allant dans ce sens, à travers un pan de son discours d'investiture du 16 avril 2016, énoncé plus haut, doit être strictement mise en œuvre et respectée par les organes concernés. Sa clarté est si évidente qu'elle n'appelle point de commentaires oiseuses : « A la rentrée prochaine, ces valeurs qui procèdent de l'éthique républicaine seront enseignées dans toutes les écoles de la République. » Par ailleurs, il est donné de constater que nous avons un outil juridique très riche qui peut nous permettre d'assurer efficacement l'éducation civique et la protection de la jeunesse. Il suffit simplement que l'Etat fasse preuve d'autorité dans la régulation des institutions sociales et l'encadrement du peuple dans sa diversité. C'est par exemple le cas de la loi Potillon, n° 4-2010 du 14 juin 2010, portant protection de l'enfant en République du Congo. Cette loi reconnaît à l'enfant des droits mais lui impose aussi des devoirs.

Ainsi, par exemple, aux termes de son article 46 : « Tout enfant a des devoirs envers ses parents, sa famille, la société et toute autre communauté légalement reconnue ainsi qu'envers la communauté internationale.

L'enfant doit :

- respecter et honorer en toute circonstance ses père et mère, ainsi que les autres membres de la famille ;

- aider et assister ses père et mère ainsi que les autres membres de la famille dans la mesure de ses possibilités ;

- œuvrer pour la cohésion de sa famille et pour le bien de la société en plaçant ses capacités physiques et intellectuelles à sa disposition ;

- respecter l'identité, les langues et les valeurs nationales ;

- traiter les autres enfants avec dignité et respect ;

- concourir au respect des droits de l'homme et des droits de l'enfant ;
- observer les règles établies par la société, la communauté, la République et la communauté internationale ;
- participer à la sauvegarde de l'ordre public, de la santé et de la moralité publique ;
- obéir à l'autorité public ;
- respecter le bien d'autrui, le bien public et l'environnement ;
- contribuer à la préservation et au renforcement de l'indépendance, de l'unité nationale et de l'intégrité territoriale. »

Au titre des droits, l'article 69 de la même loi dispose que : « Il est interdit :

- d'inciter l'enfant à la consommation des drogues, des stupéfiants et des alcools ;
- d'utiliser l'enfant dans la production et l'écoulement de telles substances. »

Cette loi s'inscrit dans la lignée d'autres normes existantes, notamment des textes juridiques pris par le Président Fulbert Youlou en 1960. Il s'agit d'abord de la loi n° 60-18 du 16 janvier 1960 tendant à protéger la moralité de la jeunesse congolaise, dont l'article 2 interdit aux enfants de moins de 16 ans de fréquenter les bars, cinémas et dancings, sauf dispositions contraires. Il s'agit ensuite de trois décrets présidentiels de mars 1960 portant interdiction aux enfants de moins de 16 ans de circuler dans les lieux publics de 20 heures à 5 heures. Puis un deuxième décret qui réglemente la fréquentation des salles de cinémas et de spectacles par les enfants de moins de 16 ans. Enfin, un troisième qui concerne la fréquentation des débits de boissons et dancings par ces mêmes mineurs.

Comme on peut le remarquer, cet arsenal juridique est si abondant qu'il suffit largement pour assurer la protection et l'éducation des jeunes dont la plupart sont perdus dans le tourbillon du modernisme exacerbé. Parfois il ne sert à rien de faire voter des lois supplémentaires, alors qu'il en existe des tonnes qui ne demandent qu'à être appliquées fermement pour encadrer et punir certains phénomènes sociaux qui troublent l'ordre public. Car, trop de lois tuent la loi. Cependant, il est impératif de faire évoluer notre législation en fonction de l'évolution de la société à chaque fois cela s'avère utile. Depuis environ trois ans, il sévit dans notre pays et plus particulièrement dans nos grandes agglomérations le phénomène dit des « bébés noirs ». Il s'agit d'un ramassis de jeunes délinquants, dont la majorité est âgée entre 11 et 17 ans, qui usent de violences de toutes sortes contre des personnes au moyen des coups et blessures volontaires, d'homicides et de vol en bande organisée. Mais leur interpellation par la police ne débouche pas toujours à leur condamnation du fait qu'ils sont mineurs. Aussitôt remis en liberté, ils n'hésitent pas à récidiver. Ce qui sème la terreur et la désolation au préjudice des populations, dont la vie paisible est troublée par cette bande de fripouilles droguées sans foi ni scrupule. Pour venir à bout de ce grave phénomène social qui nourrit la grande criminalité, il incombe à l'Etat de prendre des mesures idoines qui gravitent autour de la prévention et de la répression. A titre préventif, il faut que l'Etat construise des centres d'éducation fermés afin d'accueillir des mineurs délinquants. Notre pays disposait de deux centres destinés à cet effet, mais qui ne sont plus opérationnels depuis un certain temps. Il faut non seulement les réhabiliter mais aussi d'en construire d'autres en raison de un par département. Il faut aussi enjoindre aux parents de veiller à l'éducation et à l'encadrement de leurs enfants mineurs. Aussi, de mettre en œuvre leur responsabilité juridique à chaque fois que les conditions sont réunies. A titre répressif, il faut que le législateur congolais fasse évoluer notre code pénal afin de l'adapter à l'évolution de notre société. Car, les mineurs d'aujourd'hui n'ont pas les mêmes mentalités ni les mêmes moyens d'action que les mineurs des années 60 et 70. Aidés par le boom des nouvelles technologies d'information et de la communication, les jeunes d'aujourd'hui, dont la plupart sont éperdus d'incivisme et victimes d'échec scolaire, ont malheureusement à leur disposition un arsenal dont l'usage à mauvais escient les rend très dangereux. En conséquence, il faut abaisser la majorité pénale de 18 à 16 ans, par exemple, pour punir ces crapules écervelées.

La discipline républicaine exige aussi le respect réciproque et surtout envers la société. C'est ainsi qu'il faut rompre avec l'exaltation notoire de l'indécence mise en lumière par la plupart de nos musiciens à travers leurs chansons et l'exhibition des danses obscènes. Il fut un temps on pouvait écouter agréablement la musique en famille ou regarder les vidéo y afférant. Ce n'est plus le cas aujourd'hui tant l'exaltation de l'impudence a atteint des proportions incommensurables et inquiétantes. Or, la musique est un moyen artistique de divertissement et un important vecteur d'éducation. Par conséquent, il faut réprouver toute musique qui ne milite pas en faveur de l'élévation personnelle et sociale. En ce sens, l'Etat fort c'est celui qui doit enjoindre aux musiciens opérant sur son territoire d'observer les règles élémentaires d'Ethique républicaine assorties de sanctions sévères contre les contrevenants. Le respect exigé par la discipline républicaine, c'est également celui qui concerne l'environnement, l'hygiène et les biens publics. En effet, la protection de l'environnement est un sujet majeur de nos jours.

Cette question est si capitale que la détérioration de la terre, notre planète commune, à cause de l'inconscience humaine inquiète et doit interpeller tout le monde. Contrairement à ce que pensent plusieurs personnes, ce problème ne date pas d'aujourd'hui. Au début des années 70 plusieurs études, documentaires et médias tiraient déjà la sonnette d'alarme sur les dangers qui menaçaient l'environnement et présageaient d'un avenir inquiétant. En voici un morceau choisi tiré du livre de Pascal Boniface, intitulé *Comprendre Le Monde* :

« Dans une décennie, la pollution atmosphérique contraindra les citadins à porter des masques à gaz (…) En

1985, la pollution atmosphérique aura réduit de moitié la quantité de lumière solaire atteignant la terre », écrivait le magazine américain *Life*, sur la base de certaines études scientifiques à ce sujet. Dans le même registre, *Newsweek* expliquait dans un reportage que : « les théoriciens de l'effet de serre prétendent que la planète est menacée par une augmentation de la température moyenne (…) »

En vérité, le problème de la pollution n'est pas apparu au XXe siècle mais depuis des lustres. Car, depuis belle lurette les hommes ne respectent pas la nature. Ensuite, cette situation évolua crescendo au XIXe siècle avec la révolution industrielle pour atteindre son point culminant de nos jours. Cependant, force est de constater qu'aujourd'hui ce comportement irrespectueux vis-à-vis de la nature n'est plus un phénomène local mais planétaire. Par conséquent, il concerne tout le monde où qu'il se trouve fixé sur la terre. Pour ce faire, il faut veiller à la préserver aujourd'hui en ayant une vision tournée vers les générations futures. Car, « la terre n'est pas un héritage de nos ancêtres, mais un emprunt à nos descendants », disait Saint Exupéry. C'est dans cette optique écologique que la communauté internationale est très mobilisée sur la question de l'environnement afin de lutter contre le réchauffement climatique. Du sommet de la terre à Rio en 1992 à la COP 22 au Maroc en passant par la Conférence de Paris sur le climat, appelée COP 21, qui s'était déroulée du 30 novembre au 12 décembre 2016 et toute une kyrielle d'autres forums sur le climat, plusieurs résolutions ont été prises afin de réduire considérablement l'émission des gaz à effet de serre et de lutter contre la pollution des eaux autant que la destruction de la forêt. Cette prise de conscience internationale doit d'abord commencer par une prise de conscience individuelle, à l'échelle nationale. Ainsi, un grand changement des mentalités des populations doit induire un comportement écologique exemplaire.

Au Congo, l'insalubrité est si têtue qu'elle met en danger la vie en société à cause de son impact négatif sur l'environnement et la santé publique. Selon un rapport de l'Organisation Mondiale de la Santé, l'insalubrité est l'une des principales causes de mortalité dans le monde. Pour sa directrice générale, le Docteur Margareth Chan, « si les pays ne prennent pas des mesures afin que les populations vivent et travaillent dans un environnement sain, des millions de personnes continueront à tomber malades et à mourir prématurément. » Ceci étant, non seulement 90% des maladies qui nous tuent viennent de l'insalubrité, mais le déficit écologique dont font montre quotidiennement les populations contribuent inéluctablement à la destruction de l'environnement et aggrave cette situation. Par conséquent, les pouvoirs publics doivent créer les conditions favorables au strict respect des règles qui préservent l'environnement et exaltent l'hygiène.

D'une part, le peuple congolais doit apprendre à jeter les ordures ménagères, les cannettes, bouteilles et autre saleté dans les poubelles conçues à cet effet que dans la nature ou les caniveaux. D'autre part, les entreprises et autres établissements doivent aussi veiller à ne pas déverser des huiles de vidange dans les canalisations ou des eaux usées sans les faire passer par des purificateurs.

En effet, on ne doit pas confondre les poubelles avec les caniveaux. Ces derniers sont construits pour permettre l'évacuation d'eau, notamment celle qui provient des pluies que pour recevoir toute la saleté du monde. Or, nos caniveaux sont devenus des poubelles à cause de l'inconscience humaine. On y jette sans scrupule des sachets, cannettes et toute sorte d'ordures ménagères qui, à terme, finissent par les boucher et empêcher l'évacuation normale des eaux. En conséquence, la stagnation de ces eaux provoque de multiples inondations. Aussi, constitue-t-elle un merveilleux paradis des moustiques et autres insectes qui sont à l'origine de plusieurs maladies comme le paludisme et la typhoïde. On ne doit pas non plus confondre les étendues d'eau, la forêt et les autres espaces verts avec les lieux où doit être débarrassée la saleté. Or, nos mers, fleuves, rivières, ruisseaux, lacs, forêts et jardins publics sont malheureusement devenus des dépotoirs à ciel ouvert où, de jour comme de nuit, certains indisciplinés résolument réfractaires à l'écologie n'hésitent pas à y déverser toute la salissure du monde. Ce qui a pour effet négatif de polluer et détériorer progressivement la nature et à mettre en péril les bonnes conditions de vie sociales. L'état d'insalubrité dans nos grandes agglomérations comme Brazzaville et Pointe-Noire illustre parfaitement cette salissure.

En effet, du nord au sud de Brazzaville il est triste et scandaleux de constater que nos caniveaux, marchés et rivières sont devenus de véritables dépotoirs. Dans nos marchés publics et, notamment, le long de l'avenue Marien Ngouabi à Talangaï et Mikalou, au rond-point de

Texaco-la-Tsiémé, à Ouenzé, sur les bords de l'avenue de la paix à Moungali et à Poto Poto ou de l'avenue de l'OUA aux alentours du marché Total à Bacongo, certains commerçants vendent des aliments déposés à même le sol, alors que l'article 2 du décret n° 2008/6483 du 21 novembre 2008 dispose que : « Les produits alimentaires, emballés ou non, ne peuvent être vendus à même le sol. » Pis, les services d'hygiène ne font rien qui puisse sanctionner cet incivisme. Dans plusieurs rues, notamment la rue Bangangoulous à Ouenzé, les caniveaux sont si bouchés et immondes que la stagnation d'eau de pluie inonde la rue et les habitations. Et pourtant, il suffit de déboucher et reconstruire ces vieux caniveaux pour que l'eau de pluie s'évacue facilement jusqu'à tomber dans les caniveaux qui se trouvent au croisement de la rue Lénine et l'avenue de la Reine Ngalifourou avant de terminer leur écoulement dans la rivière appelée « Mfoa » ou « Madoukou ». Pour lutter contre ces mauvais comportements, il incombe d'abord au peuple de prendre conscience du danger de la saleté sur la santé publique, de l'importance de la protection de l'environnement et surtout du respect des règles basiques d'hygiène. Ce qui implique un changement des mentalités dans le sens du respect de l'environnement et de l'hygiène. Car, ce n'est pas au Président de la République ni au gouvernement de nettoyer nos villes, même s'ils doivent en donner les moyens nécessaires. C'est aux élus locaux, c'est à dire aux maires et aux administrateurs maires qu'incombe la charge de régler tous les problèmes liés à la salubrité publique. Ainsi, ils doivent organiser des opérations de ramassage d'ordures, de recyclage des produits, des déchets, des épaves de véhicules et autres engins dangereux comme le faisaient autrefois les services de la voirie. Il faut aussi mettre à contribution tous les usagers des lieux publics comme les marchés, par exemple, à procéder au nettoyage systématique et permanent desdits lieux. Il faut aussi exiger des habitants domiciliés le long des trottoirs bordés de caniveaux à curer une fois tous les quinze jours la partie qui se trouve en face de leurs devantures. Pour être efficace, ces mesures doivent être assorties de sanctions. Car, la propreté de la Nation est l'affaire de tous !

Par ailleurs, l'Etat doit donner l'impulsion et les moyens nécessaires pour la mise en place d'une grande politique de salubrité publique.

Le Rwanda a brillamment réussi dans ce domaine au moyen des mesures fermes qui ont profondément changé les mentalités de son peuple. Dans ce pays, il est strictement interdit de jeter les ordures et tout autre objet salissant sur la voie publique. Des poubelles publiques y sont disposées à cet effet. De même, l'usage des sacs en plastique y est strictement prohibé au risque de sanctions contre les contrevenants. Car, il est scientifiquement démontré que les sacs en plastique sont particulièrement dangereux pour l'environnement. En effet, ils résistent très longtemps dans la nature. Jetés dans les étendues d'eau, ils affectent les organes des poissons qui les auront ingurgités. Ce qui constitue un danger au préjudice de quiconque aura à son tour consommé ces poissons. Ainsi, il faut leur préférer les sacs biodégradables. S'inspirant de ce pays, les autorités congolaises avaient pris le décret n° 0485/2011 du 11 juillet 2011 interdisant la vente et la commercialisation des petits sacs en plastique sur toute l'étendue du territoire nationale. Mais respectée au début, cette mesure règlementaire fut comme d'habitude foulée au pied par des populations célèbrement indisciplinées à cause des mentalités morbides complètement aux antipodes de l'évolution sociale : « c'est pour cela qu'il nous faut trouver des solutions idoines aux problèmes d'insalubrité en général et à ceux posés par l'usage des emballages plastiques en particulier », concluait le Docteur-ingénieur Alphonse Emekadoko, chercheur en sécurité alimentaire, dans une très bonne réflexion à ce sujet publiée dans le journal *La Semaine Africaine* n° 3622 du vendredi 02 août 2016. A l'instar du Rwanda, on ne cessera jamais de redire que l'Etat congolais doit aussi faire preuve de fermeté pour y arriver en punissant les contrevenants. Car, l'impunité est la porte ouverte à toute forme de délinquance. C'est ce que fit le CMP dans les années 70. En effet, sous le Comité Militaire du Parti, le gouvernement d'alors avait enjoint à tous les Congolais, où qu'ils se trouvent, de procéder une fois par semaine à l'opération « retroussons les manches ». Comme son nom l'indique, cette opération consistait simplement à remonter les manches de sa chemise pour nettoyer tous les lieux publics : villes, avenues, caniveaux, administrations, entreprises, écoles, marchés etc. Ce travail de grande envergure se faisait au moyen d'outils que chacun apportait personnellement. Mais, ce n'est pas tout de nettoyer les lieux publics et de curer les caniveaux. Encore faut-il se débarrasser de la saleté récupérée qui doit être ensuite recyclée ou déposée dans d'autres endroits sans qu'elle ne constitue un danger pour l'environnement et la santé publique. Ainsi, elle ne doit pas être délaissée aux abords des endroits nettoyés comme les caniveaux. Certaines ordures ramassées çà et là peuvent servir à fertiliser le sol. Pour se débarrasser d'innombrables sacs en plastique qui polluent la nature, le Mali avait usé d'une idée géniale. En effet, un reportage diffusé en 2013 avait montré comment les maliens procédaient pour régler l'épineux problème du traitement des sacs plastiques récupérés çà et là et qui polluaient l'environnement. Ce procédé consistait à les brûler et à les mélanger avec du sable. Ensuite, le tout était mélangé avec du ciment pour servir à fabriquer les pavés à l'aide des moules appropriés. Enfin, ces pavés servaient à construire des chaussées et des trottoirs empruntés respectivement par les vélos, les véhicules et les piétons. Cette technique est doublement avantageuse. D'abord, sur le plan économique dans la mesure où ces pavés coûtent moins chers que le bitume. Ensuite, sur le plan écologique parce qu'elle permet le traitement des déchets qui sont dangereux pour la nature, en les transformant en bons produits utilisables à d'autres fins. Etant donné que certaines de nos rues et avenues sont construites de pavés, pourquoi ne pas s'en inspirer ? L'Etat fort, c'est aussi celui qui doit inscrire dans l'enseignement des valeurs d'Ethique républicaine le respect de l'hygiène et de l'environnement. Conscients de l'importance de la salubrité publique, les pouvoirs publics ont signé un contrat avec la société Averda en vue de l'assainissement urbain. Dotée d'une très bonne expérience dans le domaine du traitement des déchets et autres ordures, cette société a fait placer, entre autres, des poubelles publiques dans les grandes artères de

Brazzaville. Malheureusement, certaines personnes indisciplinées n'hésitent pas à les utiliser parfois à d'autres fins, voire même à y mettre le feu. Ce comportement affreusement incivique et abject doit être sévèrement réprimé. Outre le respect de l'hygiène et de l'environnement, celui des biens publics doit être aussi de rigueur afin de préserver notre patrimoine commun. En effet, l'homme est généralement plus soucieux de la propreté et l'entretien de ses biens que ceux de la communauté à laquelle il appartient. Les Congolais étant des hommes comme les autres n'échappent pas à cette règle. Ils veillent scrupuleusement à leurs patrimoines qu'à celui de l'Etat. C'est pourquoi il est ancré dans notre logiciel commun l'idée selon laquelle ce qui est à l'Etat ne concerne que les pouvoirs publics et non le peuple surtout lorsqu'il s'agit du respect et de l'entretien des biens publics. Par conséquent, on peut salir, détruire et aliéner les biens publics sans états d'âme. A titre d'illustration, on constate que certains de nos compatriotes n'hésitent pas à détourner les tables-bancs destinés à équiper les écoles pour les utiliser comme bois de chauffe. Ou encore à utiliser abusivement les toilettes publiques jusqu'à les boucher complètement contrairement aux leurs. Aussi, à faire couler abusivement l'eau des fontaines publiques au risque d'inondation alors qu'il est facile de fermer les robinets après usage. Le chapelet de ces exemples crapuleux est si kilométrique qu'à force de l'égrener complètement on pourrait écrire une encyclopédie d'incivisme au Congo. Ce comportement hideux qui témoigne de l'irrespect envers les biens publics est condamnable et doit être farouchement combattu. Car, les biens publics font partie du patrimoine national. De ce point de vue, ils appartiennent à tous c'est-à-dire au peuple qui doit les respecter, les entretenir et les protéger comme ses propres biens. Ainsi, l'éducation doit inculquer aux uns et aux autres le respect des valeurs qui fondent la morale républicaine quel que soit le canal par lequel elle est véhiculée.

Dans le domaine du transport, la crise de moralité est si épaisse que l'insécurité routière due à l'ivresse, l'excès de vitesse, le non-port de la ceinture, l'usage du téléphone portable au volant, la surcharge des véhicules et le phénomène dit des « demi-terrains » interpelle et appelle une prise de conscience individuelle et collective assortie des mesures préventives et répressives. En effet, la consommation abusive d'alcool amplifiée par le développement exponentiellement vertigineux et dangereux des débits de boissons est très inquiétante. On ne peut pas parcourir deux kilomètres de nos avenues sans compter une dizaine de bistrots appelés « caves » ou « VIP » et autres boîtes de nuit.

Comme si la seule activité commerciale qui reste au Congo est la vente des boissons alcoolisées. Dans ces endroits mondains, les jeunes mineurs et les vieux se disputent la vedette au mépris de la législation qui interdit aux premiers de fréquenter ces lieux. Aujourd'hui au Congo, la consommation d'alcool à foison est devenue un sport national. Pis, la plupart des jeunes usent des mélanges dangereux de types d'alcools différents accompagnés de produits excitants qui induisent un état éthylique et euphorique particulièrement dangereux pour la santé. Les crises cardiaques qui peuvent en découler sont dramatiques. Cette soulographie a aussi un impact négatif sur le comportement des chauffeurs, car l'ivresse est l'une des premières causes d'accidents mortels. Elle provoque la baisse de concentration et favorise l'excès de vitesse. A l'occasion de la célébration de la cinquième journée africaine de la sécurité routière qui se juxtaposait à la journée mondiale de la solidarité avec les victimes de la route, le dimanche 20 novembre 2016, le ministre congolais des Transports, de l'aviation civile et de la marine marchande, Gilbert Mokoki, avait dressé un bilan alarmant et inquiétant à ce sujet : « De 2010 à 2015, nous avons enregistré cumulativement 14.847 accidents, soit une moyenne de 2.475 accidents par an. Ceux-ci ont fait, au total, 1.827 tués et 14.174 blessés parmi lesquels certains resteront handicapés toute leur vie. »

Toujours dans le domaine des transports, la surcharge abusive des véhicules est aussi inquiétante. Elle met en péril l'état des véhicules concernés et surtout la vie des passagers. Et pourtant, la carte grise des véhicules comporte bien l'indication du nombre de places requis et le poids maximum à ne pas dépasser comme dans un ascenseur. Ainsi, une voiture ordinaire ne doit accueillir que cinq personnes dont deux devant et trois derrière. Tandis qu'un mini bus ne doit recevoir que trois personnes devant et trois personnes sur chaque banquette-arrière. Or, dans la réalité, la surcharge des véhicules et plus particulièrement celle des camions de transport des marchandises est telle que souvent elle obstrue la visibilité du conducteur. On y trouve de la marchandise accrochée également sur les côtés. Quant aux taxis appelés « 100/100 » et autres bus, la surcharge est telle qu'ils reçoivent plus de passagers que prescrites sur la carte grise sans que cela ne dérange les agents de la police routière. A Brazzaville, les pouvoirs publics sont en train de réguler la circulation au moyen de l'implantation des panneaux installés à certains endroits, notamment dans le quartier de Moukondo. Ainsi, on y trouve par exemple des panneaux de sens interdit. Mais, dans la réalité l'écrasante majorité de la population ne les respecte pas. Certaines crapules osent même les déboulonner la nuit tombée. Pire, certains policiers sont si laxistes que les conducteurs indélicats empruntent parfois des sens interdits sans qu'ils ne soient interpellés. Tantôt ils font preuve de rigueur vis-à-vis des conducteurs impertinents, tantôt ils brillent par le laxisme. Ce qui occasionne le désordre et accroît l'insécurité routière. Or, ce problème ne peut être réglé que par l'éducation au moyen d'une vaste campagne de conscientisation et de sensibilisation des masses appuyées par la fermeté des forces de l'ordre envers les usagers de la route. Force est de constater que lorsqu'un agent de la police routière est posté devant un panneau de sens interdit les automobilistes le respectent. Autrement, ils n'hésitent pas à les violer. A cet effet, il suffit de poster un agent des forces de l'ordre, notamment aux heures de pointe, à l'entrée de la voie interdite pour que la mesure d'interdiction soit respectée. Car, « la peur du gendarme est le commencement de la sagesse », dit un adage. Conscient de la gravité de cette situation, le ministre congolais des Transports entend élaborer un plan de sécurité routière qui sera effectif dans les prochains jours.

Ce plan constituera la cadre légal de toute l'action de sécurité routière au Congo. En dehors de la mise en place de ce plan, il serait souhaitable que le gouvernement investisse dans un programme d'implantation des panneaux de signalisation et des feux tricolores à tous les carrefours. Car, leur absence constitue également une cause d'accidents de la route. Quant au phénomène dit des « demi-terrains », il est particulièrement pervers.

Il s'agit d'une pratique qui consiste à saucissonner le trajet normal que doit emprunter un bus privé d'un point de départ à un point d'arrivée. Ce qui permet à l'exploitant du bus, via son conducteur et son contrôleur véreux, de facturer trois à quatre fois la même personne. C'est dire que sur un trajet de 40 kilomètres par exemple qui coûte normalement 150 FCFA par individu, la pratique des « demi-terrains » scindera 40 km/4. Soit 150 x 4 = 600 FCFA par individu au lieu de 150. Ainsi, à l'aller et au retour la personne concernée doit débourser la somme de 1.200 FCFA au lieu de 300. S'il s'agit d'un fonctionnaire qui emprunte ce type de transport pour se rendre au travail du lundi au vendredi, il faut donc dépenser 1.200 x 5 jours = 6.000 FCFA par personne. Ce qui fait au total 6.000 x 4 semaines = 24.000 FCFA par mois. Quand on sait qu'un fonctionnaire gagne en moyenne 120.000 FCFA par mois, cela signifie que la soustraction de la somme dépensée pour son transport mensuel donne 120.000 - 24.000 = 96.000 FCFA qui lui restent. Admettons qu'il soit locataire à hauteur de 50.000 FCFA par mois au titre de loyer mensuel, il lui restera donc 96.000 – 50.000 = 46.000 FCFA pour vivoter. Sans compter qu'il doit manger, s'habiller, se divertir, s'occuper de sa famille, payer l'école des enfants, cotiser à l'occasion des mariages et des décès qui sont presque à la mode au Congo. Au final, on se demande comment fait-il pour vivre ?

Aussi singulier que banal puisse paraître ce phénomène, de prime abord, il ne faut pas en rire mais s'en inquiéter. Car, ce n'est pas un épiphénomène mais un fait social de grande envergure aux conséquences considérables. En effet, ce cas n'est pas isolé et concerne des centaines de milliers de Congolais qui vivent ce calvaire quotidiennement et qui sont obligés de tirer le diable par la queue pour essayer d'entretenir l'illusion de vivre. Il est si inquiétant qu'à supposer que ces agents de l'Etat soient employés à des postes où la tentation à la corruption et à la concussion est grande, comment pourrait-on leur reprocher de céder à la corruption ou à la concussion pour joindre les deux bouts du mois ? Loin d'encourager la corruption ni la concussion, force est de relever objectivement qu'en tant que phénomènes sociaux ils ne sortent pas du néant. Mais, ils découlent des conditions de vie sociales. Or, un travailleur ou un agent de l'Etat qui a du mal à joindre les deux bouts du mois avec son maigre salaire sera assurément plus enclin à la corruption ou à la concussion. Comme on peut le remarquer, la vraie rupture pour induire le changement des mentalités doit aussi consister à améliorer les conditions de vie sociales des populations. D'une part, il faut lutter efficacement et impitoyablement contre le phénomène des « demi-terrains » pour soulager les usagers, en contrôlant et punissant sévèrement les contrevenants.

Sans oublier l'application des mesures de suspension, de retrait et d'annulation des permis de conduire à l'encontre des chauffards. D'autre part, il faut procéder aussi à une augmentation conséquente de la rémunération des fonctionnaires et autres agents de l'Etat, en l'indexant au coût de la vie réelle. Ceci n'est possible qu'avec un Etat fort, c'est à dire débarrassé de tout laxisme. C'est cela la vraie rupture ! Quant au domaine du commerce et des affaires, la crise des mentalités est perceptible à travers le manque de respect et d'amabilité envers les clients, la mauvaise gestion et l'intolérance vis-à-vis des concurrents. En effet, faire le commerce est une chose mais savoir le faire en est une autre. Le commerce est aussi un aspect de la culture propre à chaque peuple. Ainsi, il y a des peuples qui y sont éduqués dès le bas âge et il y en a d'autres qui le découvrent plus tard à un âge relativement avancé ou par opportunisme. La différence entre ces deux catégories d'individus, c'est que les premiers sont beaucoup plus rompus en la matière que des seconds. Cela est lisible à travers leur manière de traiter les clients et gérer leurs affaires. Dans la pratique quotidienne, nombreux sont des Congolais qui ne savent pas accueillir ni bien traiter les clients dans leurs différents établissements commerciaux. Froideur, arrogance et légèreté sont les maîtres-mots qui résument leur comportement à l'égard des clients.

Alors que la clientèle est l'élément essentiel du fonds de commerce. Cet élément est si essentiel, comme le consacra la chambre commerciale de la Cour de cassation, que de la manière de traiter la clientèle dépend énormément le sort des établissements et entreprises commerciaux. Or, il est triste de constater quotidiennement que nos compatriotes employés dans le commerce en qualité de vendeur ou serveurs ne savent même pas dire bonjour, merci et au revoir aux clients. Pire, dès qu'on leur présente un gros billet leur premier réflexe est de dire sans scrupule qu'ils n'ont pas la monnaie. Dans les bars et restaurants, les clients sont parfois obligés d'aller chercher les serveurs ou serveuses afin d'être servis, alors que c'est aux serveurs et serveuses qu'incombe l'obligation d'accueillir les clients, les installer confortablement et de leur demander gentiment ce qu'ils désirent. A contrario, les commerçants d'origine ouest-africaine ou de la République Démocratique du Congo, en général, qui exercent au Congo sont plus aimables et courtois dans l'accueil et le traitement des clients que les nationaux. Ils sourient, saluent et flattent là où la majorité des Congolais excelle par la froideur, l'indifférence et l'arrogance. Devant un gros billet, ils vont chercher la monnaie là où la majorité des Congolais renoncent froidement. Cette différence des mentalités s'explique sûrement par le fait que nos amis et frères ouest-africains sont particulièrement éduqués et formés pour le commerce depuis la cellule familiale. Est-ce un hasard s'ils exercent le commerce depuis des lustres dans tous les pays du monde, en général, et au Congo, en particulier ? Depuis notre enfance, les plus grands commerçants que nous avons connus et que nous connaissons aujourd'hui sont des Ouest-africains et les Libanais. C'est dire que le commerce est un élément de leur culture aux antipodes de celle de l'écrasante majorité des Congolais plus mus par la bureaucratie et la politique

que par le commerce. C'est pourquoi, depuis toujours les grands noms des commerçants qui opèrent au Congo riment avec « Doucouré », « Seydoux », « Keita », « Diabaté » ou « Diakité » etc. Leur impact sur le commerce au Congo est si éléphantesque qu'il est très difficile de trouver des produits commerciaux, dont on a besoin les vendredis pour la simple raison que c'est leur jour de grande prière, car ils sont tous musulmans. Après les Ouest-africains et les Libanais, nos frères de la RDC, en général, s'en sortent mieux en la matière. Ainsi, nous devons rompre avec ces mentalités pour exceller dans le commerce. C'est d'autant plus impératif que depuis les années 90, malmenés par la crise et la mort de l'Etat-providence, les Congolais ont massivement investi dans le commerce. Pour ce faire, il faut qu'ils s'imprègnent de la culture commerciale pour prospérer dans ce domaine.

Comme dit un proverbe chinois : « Celui qui n'a pas le sourire ne doit pas ouvrir une échoppe. » Dans le même ordre d'idées l'abbé Pierre disait : « Le sourire coûte moins cher que l'électricité mais donne autant de lumière. » Que puissent ces deux sages assertions inspirer nos compatriotes perdus dans les dédales du déficit d'amabilité et de courtoisie dans le domaine commercial. En dehors de l'amabilité requise, la bonne gestion des affaires doit aussi être de rigueur. Or, la plupart de nos hommes d'affaires confonde souvent les comptes de l'entreprise et leurs comptes personnels. Après la création d'une entreprise, elle n'appartient plus à proprement parler à son créateur mais à la communauté nationale. C'est pourquoi, les pouvoirs publics ont mis en place tout un arsenal juridique pour protéger les entreprises et empêcher les hommes d'affaires d'utiliser leurs fonds comme et quand bon leur semble. Ainsi, a-t-on crée des infractions de droit pénal des affaires comme notamment l'abus de biens sociaux pour punir les entrepreneurs indélicats. Cette protection est justifiée par le fait que les entreprises contribuent inéluctablement au développement socio-économique d'un pays. Leur prospérité doit donc être l'affaire de l'Etat. Aussi, certains de nos hommes d'affaires confondent le chiffre d'affaire avec le bénéfice. Or, un entrepreneur qui se sert du chiffre d'affaire pour ses besoins personnels est un prédateur.

Car, il détruit le capital, élément essentiel sur lequel repose les sociétés commerciales. Ainsi, un entrepreneur doit se déterminer un salaire mensuel comme n'importe quel autre travailleur et non se servir comme il veut dans les caisses de son entreprise. Ce qui nécessite le recours à un expert-comptable pour tenir la comptabilité des entreprises. Enfin, le changement des mentalités dans les affaires doit aussi impliquer l'acceptation de la concurrence loyale. Car, la concurrence est l'huile de l'économie. Elle contribue à faire baisser les prix et booste considérablement la consommation. Or, la consommation est un précieux ingrédient qui nourrit la croissance économique au même titre que la production. Par conséquent, la concurrence ne peut être utile à l'économie que si elle est loyale. Ce qui invite les commerçants et les hommes d'affaires à faire preuve de tolérance et d'humilité envers les autres. Ainsi, ils doivent jouer sur le marketing et l'inventivité pour attirer et conserver la clientèle. Cela veut dire qu'ils ne doivent pas recourir à la sorcellerie pour nuire aux affaires de leurs concurrents, ni à leurs intégrité physique et morale. En effet, certains de nos compatriotes se livrent tellement aux pratiques de ce genre pour envoûter leurs concurrents dans la quête du succès que ce phénomène surréaliste a pris une ampleur dangereusement préoccupante.

En occident, pour faire plus que l'autre dans la même sphère d'activité commerciale ou libérale, les professionnels concernés y excellent au moyen des techniques scientifiques appropriés pour attirer et conserver la clientèle. C'est ce qu'on appelle le marketing. Mais, en Afrique, en général, et au Congo, en particulier, ils y excellent par la sorcellerie pour nuire aux autres. Ce sont nos tristes réalités que le cartésianisme exacerbé ne saurait nier. Il incombe donc à ces professionnels de rompre d'avec cette culture régressiste et macabre, afin d'être véritablement des hommes d'affaires et non des hommes d'Enfer. C'est aussi cela le changement des mentalités dans l'optique du développement.

Dans le domaine de la consommation d'eau et de l'électricité, un grand travail mental doit également être fait. En effet, depuis quasiment deux décennies la pénurie d'eau et d'électricité se pose avec acuité au Congo. Mais, il faut reconnaître que ce problème n'est pas spécifique au Congo. Plusieurs autres pays en voie de développement y sont confrontés à l'échelle mondiale, notamment des pays africains. Cette pénurie induit des inégalités criardes que Pascal Boniface expose dans son livre précité : « 1,1 milliard de personnes n'ont pas accès à l'eau potable et 2,6 n'ont pas un système d'assainissement de l'eau (…) Entre trois et quatre millions de personnes (la moitié étant les enfants) meurent chaque année de maladies véhiculées par l'eau. Au Mozambique ou au Burundi, chaque habitant a en moyenne 10 litres d'eau par jour, aux Etats-Unis chaque habitant dispose de 575 litres par jour. »

Le même problème se pose avec acuité concernant l'électricité. En effet, des études scientifiques montrent que 77% des pays africains ont du mal à accéder à l'électricité. Alors que l'Afrique a d'énormes potentialités en énergie solaire. Pour pallier à ce déficit, il faut pouvoir investir environ 200 million de dollars. Pour y parvenir, certaines personnalités politiques, comme l'ancien ministre français Jean Louis Borloo, proposent de taxer toutes les transactions financières mondiales à hauteur de 0,01% pendant deux ans. Comme en matière de la protection de l'environnement et de l'accès à l'eau potable, celui de l'électricité relève aussi de la solidarité mondiale en faveur du développement intégral de la planète. Cependant, la solidarité internationale n'exclut pas la responsabilité de chaque pays concerné notamment celle des populations locales quant à l'utilisation de l'eau courante et de l'électricité. Au Congo, jusqu'au début des années 90 ce problème ne se posait pas avec la même ampleur aujourd'hui. Car, l'eau et l'électricité existaient à foison. Pourquoi ce revirement difficile ? Deux faits à la fois sociologiques et politiques peuvent l'expliquer objectivement. En effet, l'évolution démographique et la forte urbanisation ont profondément transformé la société congolaise et plus particulièrement les grandes villes, comme Brazzaville et Pointe-Noire, ces vingt dernières années. En plus, tout le monde utilise de l'eau courante et l'électricité contrairement aux années précédentes où leur appropriation était quasiment un luxe. Ce qui a entraîné un accroissement colossal de la demande par rapport à l'offre. Mais, malheureusement la politique de construction d'infrastructures idoines pour s'adapter à l'évolution sociale, afin d'augmenter l'offre par rapport à la demande n'a pas suivi immédiatement. Aussi, certaines anciennes infrastructures en ce domaine sont devenues vétustes. C'est ce déséquilibre abyssal et la vétusté de certaines infrastructures hydro-électriques qui expliquent les difficultés auxquelles sont confrontés les Congolais dans le domaine de l'eau et de l'électricité. Certes, l'Etat congolais a énormément investi dans ce domaine en construisant des infrastructures, comme par exemple le barrage d'Imboulou. Mais, la persistance des délestages chroniques et la difficulté d'accès à l'eau potable dans les grandes agglomérations sont surtout dus au fait que tout n'est pas mis en œuvre pour acheminer ces produits d'un point à l'autre. Comme quoi, ce n'est pas tout de construire des barrages, encore faut-il créer les conditions d'acheminement de l'énergie produite vers les ménages et autres points d'usage. Outre la responsabilité des Etats concernés, notamment le Congo, il faut aussi préciser que la crise des mentalités chez la majorité des populations est de nature à aggraver ce problème.

En effet, dans la manière de consommer l'eau et l'électricité les populations ont la mauvaise habitude de ne pas fermer correctement les robinets après usage afin d'éviter l'écoulement inutile d'eau, ni d'éteindre systématiquement la lumière lorsqu'ils quittent une pièce non occupée. Pire, on remarque aussi un peu partout que les gens ont la mauvaise habitude de laisser les ampoules allumées en pleine journée. Plus grave encore, c'est que même les services chargés de gérer l'électricité ne pensent pas à éteindre les lampadaires publics en plein jour. De même, l'usage abusif d'appareils électroménagers qui consomment énormément d'électricité, notamment les plaques chauffantes, les fers à repasser et les fours à micro-ondes aux heures pleines aggrave davantage ces difficultés. Comme quoi, il faut rompre avec ces mauvaises mentalités afin de ne pas ajouter à la difficulté primordiale une autre difficulté inutile et perverse. Il appartient donc aux entreprises exerçant dans la production et la distribution hydro-électrique d'organiser de vastes campagnes de sensibilisation dans le but d'éduquer les populations en ce domaine. Aussi, doivent-elles veiller à éteindre l'éclairage public en plein jour afin d'économiser l'électricité.

Par ailleurs, ce chapitre ne peut être clos sans revenir sur la perversion des mentalités dans le domaine religieux. Comme dit plus haut, autant l'Etat doit être ferme et impitoyable contre les dérives sectaires, autant les hommes et les femmes pratiquants doivent faire preuve de discernement, afin de ne pas sombrer dans l'obscurantisme. Car, la plupart des femmes pratiquantes qui fréquentent des églises dites de « réveil » ont des mentalités tellement dégradées que cela influe négativement sur la vie de couple et déstabilise les familles. Il n'est pas interdit de prier et de pratiquer la religion de son choix. Encore faut-il que cette pratique n'entraîne pas des conséquences désastreuses dans les ménages. Or, la plupart de ces femmes sont astreintes à un rythme de prière exagérément zélé. Elles utilisent quasiment toute la semaine comme des élèves assidus et déterminés dans la préparation du baccalauréat. Voici leur emploi du temps religieux :

- lundi : réunion ;
- mardi : louange et adoration ;
- jeudi : intercession ;
- samedi : messe d'actions de grâce ;
- dimanche : grande messe générale à l'église ou retraite spirituelle à la montagne toute la journée.

Quand on y ajoute la participation aux multiples veillées de prière et autres retraites spirituelles qui peuvent durer 3 jours, c'est la totale ! Dans ces circonstances, comment s'occuper correctement de son foyer ? De même, certains fidèles atteints de maladies graves refusent de recourir à la médecine moderne et préfèrent se fier aux pasteurs, dont la plupart les gavent de tisanes mal dosées et n'expliquent tout que par rapport à Dieu ou à Satan. Selon eux aucun mal n'est naturel. Il résulte toujours d'un envoûtement satanique imputable à un parent, à un ami ou à un voisin. Cette déresponsabilisation confine dans la paranoïa et altère profondément les mentalités. C'est vrai que la médecine traditionnelle, faite de tisanes et de foi spirituelle, peut s'avérer efficace et pallier parfaitement aux limites de la médecine moderne. Nos ancêtres y avaient recours dans le passé et notre pays avait associé les « tradi-praticiens » à la médecine moderne pour pallier à ses carences dans les années 80. Mais, ce qui est inquiétant c'est le rejet d'alternative et la confiance aveugle aux paroles des pasteurs. Pire, certains malades sont tellement sous l'emprise des pasteurs véreux et des prêtres vicieux qu'ils mettent leur vie en péril en procédant aux jeûnes abusifs ou en refusant systématiquement la transfusion sanguine.

Par ailleurs, il y a aussi d'autres croyants crédules et paumés qui refusent, au nom d'enseignements dogmatiques, de regarder la télévision, lire des romans, écouter une autre musique que religieuse. Au motif que tout ceci est satanique et interdit par Dieu. Ils ne fréquentent plus tout le monde sauf ceux qui prient avec eux. Ces dérives sectaires les poussent parfois à ne pas porter certains habits qui ne correspondent pas à leur religion, notamment les pantalons et les bermudas pour les femmes. Tandis que certains hommes refusent carrément de se peigner les cheveux. Est-ce normal ? Le comble de l'incurie, c'est le refus de combattre et de contester face à l'injustice en se confinant dans la passivité. Car, « tout ce qui est réel et rationnel et tout ce qui rationnel est réel », comme disait Hegel. Donc, si l'on est malade, pauvre, opprimé, ce n'est pas la faute à l'autre ni à soi-même. Mais c'est en vertu de la volonté de Dieu, car il imprimerait à chaque être humain un destin qui déterminerait sa vie. Par conséquent, il ne faut pas recourir à la révolte ni à la guerre pour combattre l'injustice. Il faut simplement avoir la foi, fléchir les genoux matin, midi et soir, et attendre que le salut tombe du ciel. Alors que l'histoire de l'humanité nous montre qu'au pays ne s'est libéré du joug de l'oppression, ni ne s'est développé grâce à la prière. S'il en était le cas, la République Démocratique du Congo serait le pays le plus développé au monde. La prière est indispensable pour un croyant et nul n'en conteste les bienfaits. Mais, elle ne vient qu'en appui des actions concrètes. Ce que résume parfaitement l'opinion selon laquelle « aide-toi ciel t'aidera ».

En effet, Dieu n'agit pas dans la passivité mais dans l'action. Autant que ce n'est pas en écoutant chanter le rossignol à longueur de journée qu'on devient musicien, autant qu'on ne bénéficie d'une action positive de Dieu que si l'on est actif et réaliste et non passif. Ainsi, un élève qui prépare un examen ou un concours ne peut réussir que s'il apprend assidument ses leçons et non s'il les remplace par des prières assidues et des jeûnes ardus sans aucune lecture. De même, un chômeur qui recherche du travail ne peut le trouver que s'il postule en envoyant des CV et en passant des entretiens d'embauche. Et non s'il s'enferme uniquement dans la prière sans entreprendre aucune action allant dans le sens de recherche du travail.

Dans *Un Long chemin vers la Liberté*, Nelson Mandela fustige cette mentalité délétère qui confine le peuple opprimé dans la dépendance, la passivité et le déterminisme. En effet, au pic de la lutte acharné qu'il avait menée contre l'apartheid, sa femme de l'époque qui était un fervent témoin de Jéhovah le supplia d'arrêter cette lutte. Selon elle, si l'Afrique du Sud était sous la domination blanche c'est parce que Dieu avait voulu qu'il en fût ainsi. Donc, le salut des Noirs sud-africains ne viendrait que de Dieu grâce à la prière. Fortement opposé à cette opinion, Nelson Mandela était résolument persuadé que ce n'est pas Dieu qui délivrera un jour l'Afrique du Sud du joug colonial enrobé d'un racisme épais. Mais, des Noirs sud-africains eux même au prix d'une lutte acharnée contre l'apartheid. En plus, se rappelant que c'est un prêtre hollandais du nom de Malan qui avait codifié les lois d'apartheid, son rejet de se confiner dans la passivité divine devenait encore plus radical. C'est cette raison qui entraîna le divorce d'avec sa première épouse. Plus tard, la suite de son combat lui donnera raison. En conséquence, le peuple africain éperdu de zèle religieux doit prendre conscience de ce fait pour un vrai changement des mentalités. Prier, c'est bien. Mais faire preuve de discernement, de réalisme et de libre arbitre dans l'appréciation de certaines situations, c'est mieux. Comme disait René Descartes : « Dieu propose et l'homme par son libre arbitre dispose », contrairement à ce que pensent certains. C'est l'exaltation de l'esprit d'effort personnel. Selon lui, la transcendance divine n'existe pas, car Dieu en créant l'homme l'a doté de Raison et s'en est détourné. Ainsi, nanti de cette faculté l'homme est libre de décider de sa vie. C'est ce qu'on appelle le libre arbitre. Ainsi, le rejet de la transcendance divine l'extirpe de tout déterminisme et le rend responsable de ses actes.

Enfin, le peuple c'est aussi bien ceux qui sont installés sur le territoire national que ceux qui ont émigré, c'est-à-dire la diaspora. Car, la diaspora congolaise n'est pas un Congo à part, mais une part du Congo. Par conséquent, elle doit être impliquée dans toutes les actions qui contribuent au développement socio-économique du Congo.

Ainsi, elle ne doit pas être délaissée à la lisière du jeu démocratique étant privé du droit de vote par exemple. En occident, les diasporas sénégalaise, malienne, ivoirienne, gabonaise ont le droit de vote aux élections présidentielles. Alors en vertu de quoi ce droit ne serait-il pas reconnu à la diaspora congolaise ? Cette exclusion n'est pas juste dans la mesure où les Congolais de la diaspora contribuent directement ou indirectement au développement du pays par l'accomplissement de différentes actions positives en faveur de la patrie. En effet, sur le plan économique ils investissent de l'argent au moyen des transferts de fonds pour soutenir les amis et parents ou même créer des entreprises. Aussi, apportent-ils leurs aides au moyen d'actions caritatives dans des domaines variés de la société congolaise comme l'éducation, la santé, l'agriculture, la culture etc. Enfin, la diaspora congolaise regorge d'énormes atouts en ressources humaines. Car, 99% des Congolais de la diaspora sont des étudiants, stagiaires et travailleurs immigrés. Certains ont terminé leurs formation et d'autres sont en train de les effectuer. Ainsi, la diaspora est un gigantesque gisement d'intelligences et d'experts qui doivent être utilisés à bon escient au service de la patrie. Comme on le voit, la diaspora est donc une force d'action au service de la République qui peut servir d'appoint ou de substitution à certaines forces locales.

Cependant, nonobstant ses innombrables atouts, la diaspora recèle aussi des faiblesses qui constituent des handicaps qui l'écornent malheureusement.

En effet, le premier de ces handicaps c'est la division. Cette division tient non seulement aux difficultés d'organisation mais surtout au tribalisme. Etant transfuge de la diaspora, je suis très bien placé pour savoir que malgré la volonté de se fédérer au sein des structures associatives et politiques, certains de nos compatriotes y voient d'un mauvais œil la présence des autres en raison de leur appartenance à une ethnie ou à une tribu quelconque. S'ils appartiennent à la même tribu ou au même pôle géographique que le Président de la République en exercice, ils sont soupçonnés d'être des taupes au service du pouvoir. Des faux opposants. S'ils appartiennent à une tribu ou à un pôle géographique contraire à ceux du Président, ils sont soupçonnés d'être des opposants primaires et systématiques obsédés par l'esprit de vengeance. Le deuxième de ces handicaps, c'est l'infatuation. La plupart des intellectuels de la diaspora congolaise sont si imbus d'eux qu'ils se croient plus intelligents et compétents que ceux qui sont restés au pays. Comme s'il suffit d'être diplômé jusqu'aux dents avec un long CV étalé comme de la confiture sur une tranche de pain pour mériter plus que ceux qui n'ont pas eu l'opportunité d'aller étudier en occident. Le comble de l'infatuation, c'est qu'entre eux il y en a qui se croient plus intelligents et qualifiés que d'autres par le simple fait qu'ils ont étudié dans des écoles ou université plus réputées que d'autres. Alors que toutes les écoles et universités dispensent les mêmes enseignements.

Mieux, tous les grands professeurs qui font le bonheur des grandes écoles ou universités comme la Sorbonne ou Assas ne sont pas tous des produits purs de ces établissements. La majorité d'entre eux est transfuge des écoles ou universités provinciales ou dites « périphériques ». Donc, la guerre des écoles que se livrent ces intellectuels éperdus d'arrogance est d'autant plus stupide que ce qui fait la force d'un intellectuel, ce n'est pas tant l'école ou l'université dans laquelle il a étudié, mais ses qualités intrinsèques. Le troisième de ces handicaps, c'est l'excès de simplisme saupoudré d'aigreur qui est perceptible à travers la critique au vitriol enrobée d'imprécation sans aucune action concrète sur le terrain. Actuellement, la révolution numérique ayant induit le boom des nouvelles technologies d'information et de la communication, nombreux d'entre eux s'érigent en procureur du net ou en révolutionnaires du clavier, croyant qu'il suffit d'un clic à 8.000 kilomètres du pays pour insuffler le changement espéré. Alors que les vrais combats se gagnent par un engagement sur le terrain, à l'aune de ce que firent les grands intellectuels comme Lafayette, et non en se plastronnant le long des quais de Seine ou de l'avenue des champs Elysées sous un soleil radieux avec la crème « Hagenda's » entre la main.

Tout compte fait, la rupture dans le sens du changement des mentalités concernant la diaspora congolaise doit se situer à deux niveaux.

D'abord, le gouvernement doit considérer, dans ses actes, la diaspora comme un levier du développement socio-économique. C'est dire qu'elle doit être intégrée dans tous les combats relatifs à l'essor de la Nation congolaise. Avec la nouvelle République issue de la constitution résultant du référendum du 25 octobre 2015, le ministère des affaires étrangères et de la coopération est désormais chargé des Congolais de l'étranger. Ce début d'amélioration du sort de la diaspora est ponctué par la mise en place actuellement de la cellule de mobilisation de la diaspora. Placée sous la tutelle du ministère des affaires étrangères, cette structure deviendra à terme le département des Congolais de la diaspora, doté des pouvoirs accrus. Pour ce faire, il faut que le gouvernement aille plus loin dans l'amélioration du sort de la diaspora, en lui reconnaissant le droit de vote et en lui octroyant un quota aux élections législatives. Il suffit de l'inscrire dans le code électoral comme vient de faire le gouvernement sénégalais en faveur de sa diaspora afin de lui permettre d'être représentée à l'Assemblée nationale à hauteur de 20% des sièges à pourvoir. Ensuite, les Congolais de la diaspora doivent aussi prendre conscience de leurs qualités et de leurs défauts, afin d'œuvrer dans la perspective d'un changement positif. A cet effet, qu'ils fassent preuve d'humilité et se disent que les diplômes seuls ne suffisent pas à conférer aux experts la garantie de réussite absolue. Autrement, certains grands intellectuels au savoir encyclopédique et pointu n'auraient pas lamentablement échoué dans la conduite des affaires de la Nation. A l'opposite, des grands dirigeants comme Pierre Bérégovoy, René Monory et Luiz Inacio Lula, avec seulement des très modestes certificats d'aptitude professionnelle de niveau primaire et élémentaire ou rien du tout ont brillamment dirigé leurs pays respectifs. Ainsi, Pierre Bérégovoy fut un brillant ministre de l'Économie et des finances puis Premier ministre français. Avant lui, René Monory fut, entre autres, Directeur général du FMI puis président du Sénat français, c'est-à-dire deuxième personnalité de l'Etat. Enfin, c'est sous la brillante présidence de Lula que le Brésil fut propulsé de la 32èm à la 6èm place mondiale en seulement 10 ans, faisant de lui un pays émergent.

Chapitre II

LE SENS DE LA RESPONSABILITE PERSONNELLE AU SERVICE DE LA NATION

« Ne vous demandez pas ce que votre pays peut faire pour vous, mais ce que vous pouvez faire pour votre pays », disait en substance John Fitzgerald Kennedy au peuple américain lors de la campagne pour la présidentielle qu'il remporta en 1960.

Ce pan de son célèbre discours qui appelle à la prise de conscience individuelle met chacun face à sa responsabilité et l'implique personnellement dans le développement intégral de son pays. C'est le sens du devoir personnel au service de la Nation. En effet, une Nation est comme une équipe de football. Elle regorge en son sein des joueurs de différents types, grands et petits, dont la conjugaison harmonieuse des individualités au service du collectif suffit à l'élever très haut. Une Nation est aussi comme un groupe musical, dont chacun des membres doit jouer sa partition individuelle en harmonie avec les autres, afin de produire une bonne musique. Qu'elle soit comme une équipe de football ou un groupe musical, la seule méthode qui vaille pour réussir c'est que chacun doit jouer son rôle respectif au service du collectif.

Tel un système dont le fonctionnement normal dépend de celui de chaque élément grand et petit qui le compose, le progrès d'une Nation dépend aussi de toutes les entités qui la structurent. En effet, la prise de conscience personnelle au service du collectif induit simplement celle du peuple au service de la Nation. C'est l'exaltation du patriotisme comme firent naguère les japonais pour tirer leur pays vers le haut. L'histoire de ce pays n'est pas avare de leçons qui suscitent le courage et l'espoir. Elle montre combien l'homme est le moteur de l'histoire, en ce qu'il contribue efficacement au développement de son pays et, par-delà tout, celui de la communauté internationale. En 1945 lors de la deuxième guerre mondiale, le Japon avait été lourdement détruit à cause de deux bombes atomiques larguées par les américains à Hiroshima et à Nagasaki. Ce drame avait considérablement fait reculer ce pays avant de l'enfoncer dans les bas-fonds de l'histoire de l'humanité. Mais, 30 ans plus tard ce pays avait extraordinairement refait surface et dépassé largement plusieurs autres puissances occidentales comme l'Allemagne, la France et la Grande Bretagne. Il intégra ainsi le G7, c'est-à-dire les sept pays les plus industrialisés du monde. Des chiffres illustrent parfaitement ce qu'on appela le « miracle japonais ». En 1951 le Produit National Brut du Japon représentait le 1/3 de celui de la Grande Bretagne, de la France et de l'Allemagne. A la fin des années 80, il dépassait les Produits Intérieurs Bruts cumulés de la Grande Bretagne, de l'Allemagne et de la France.

Jusqu'en 2010 son Produit Intérieur Brut représentait 16% de la production mondiale contre 3% seulement en 1950. En dépit de la crise qui secoua ce pays et le fit dégringoler de la deuxième à la troisième place mondiale, après la Chine, le Japon est en train de reprendre sa course à l'avant dans le trio de tête de l'économie mondiale.

Comment avait-il fait pour réussir une telle performance ? Outre la combinaison d'une politique efficace et réaliste mêlant dirigisme étatique et libéralisme économique, le peuple japonais avait également fait preuve de patriotisme, de dévouement et d'abnégation par le travail rigoureux et acharné au service de la Nation. Tout le monde se souvient sans doute de l'étiquette de « fourmis » que l'on collait au japonais. Ce qui suffit amplement pour témoigner de leur ardeur au travail.

En Afrique, certains pays offrent moult exemples d'engagements personnels et collectifs des acteurs privés au service de leurs nations respectives. En effet, des pays comme le Mali et le Sénégal profitent chaque année de la réalisation des actions concrètes de la part de leurs diasporas respectives dans le domaine de l'éducation avec la construction des écoles et celui de la santé avec la construction des établissements médicaux. Selon une étude relativement récente, l'apport de la diaspora Kenyane en 2015 était largement supérieur à l'aide au développement octroyée à ce pays. Plus près de nous, en République démocratique du Congo, RDC, la CORAP ou Coalition Réformes et Action Publique, une fédération des organisations de la société civile, s'est engagée dans le domaine de la protection de l'environnement en faveur de son pays. Cet élan de patriotisme qui constitue une force d'appoint au service de l'Etat en matière de protection de l'environnement, vise à conscientiser les populations au moyen d'une campagne d'éducation civique sur le thème « la rivière n'est pas une poubelle ». En organisant cette activité le 16 août 2016 à son siège, situé dans le quartier de Gombé, à Kinshasa, elle entend mettre en place des canaux de communication permanente pour renforcer un dialogue permanent entre les populations et les pouvoirs publics autour de la protection des eaux des rivières, la mise en place d'un cahier des charges pour l'amélioration et le financement efficace du secteur des eaux et de l'assainissement en RDC. Par conséquent, chaque Congolaise et chaque Congolais doivent se sacrifier en donnant le meilleur d'eux-mêmes au service du Congo. Le monde a tellement évolué à une vitesse vertigineuse que le peuple ne doit plus tout attendre de l'Etat comme au bon vieux temps. Ce qui explique le slogan scandé dans les années 80, et qui est toujours à la mode, selon lequel « l'Etat-providence est mort » ! Dans d'autres pays, les peuples l'ont compris depuis longtemps et œuvrent dans le sens de la créativité et de l'innovation par la prise des initiatives personnelles qui, au-delà de les servir individuellement, servent aussi la nation tout entière. C'est dans cette optique que s'inscrivent plusieurs actions socio-économiques entreprises par certains individus, personnes physiques ou personnes morales, au service de la République du Congo.

En effet, dans le domaine de l'éducation nationale, par exemple, les actions entreprises par le « Club Progress », une organisation non gouvernementale, sont à souligner. Car, en lançant le projet intitulé « l'initiative modernité en milieu scolaire », le 26 août 2016 à Brazzaville, cette association vise à améliorer le cadre du milieu scolaire au Congo. Ainsi, il s'agit de mettre l'action sur l'amélioration des infrastructures scolaires et sur la qualité d'enseignements dispensés, afin de rendre les écoles privées plus compétitives et en phase avec les normes internationales. Pour atteindre son objectif, le « Club Progress » a rencontré plusieurs partenaires qui ont accepté d'apporter leurs contributions pour la réussite de ce projet. Outre les ministères en charge de l'enseignement, on y compte aussi les promoteurs des écoles privées, les banques, les cabinets comptables et conseils, les acteurs technologiques et d'équipements informatiques ainsi que divers prestataires de service. Dans les années 90, l'association « Solidarité des Congolais de France », sise à Rennes, avait réussi à collecter des ouvrages et autres ressources scolaires pour les acheminer au Congo afin d'y aider les élèves. Ce qu'a fait également l'association « Natigam » pour doter les élèves de Gamboma en ouvrages scolaires collectés depuis la France. Même si cette action positive n'a pas encore atteint son objectif final, l'idée qui y préside est louable et à encourager. Selon l'un de ses initiateurs basé en France, Monsieur Yomard Michel Douniama, cette action vise à terme à construire une bibliothèque intergénérationnelle à Gamboma. Il appartient donc à ceux qui peuvent favoriser la réussite de telles actions sur le terrain d'y contribuer efficacement. Car, plusieurs projets qui s'inscrivent dans cette perspective n'ont pas atteint leur objectif parce qu'ils ont été abandonnés, bloqués ou malheureusement détournés à d'autres fins. Toujours dans le secteur de l'éducation nationale et plus particulièrement de l'enseignement supérieur, la fondation « Perspectives d'avenir » avait signé, le 29 août 2016, un accord de partenariat avec le ministère habilité en vue d'améliorer la qualité de formation des étudiants. Il s'agit concrètement d'intégrer à la formation les nouvelles technologies d'information et de la communication, de renforcer qualitativement et quantitativement les infrastructures et de promouvoir la performance. Cet investissement patriotique ne fait qu'allonger la liste d'actions précédentes posées par cette fondation par l'octroi sélectif des bourses d'étude aux étudiants, le financement du permis de conduire au profit des jeunes et la formation de certains d'entre eux dans l'apprentissage de divers métiers. Dans le domaine de la santé, la « Fondation Génération @venir » avait également posé des actions caritatives au service des populations.

C'est ainsi que le 13 août 2016, en prélude au 56èm anniversaire de la fête d'indépendance nationale dont le défilé avait été organisé à Madingou, dans le département de la Bouenza, elle avait doté les sous-préfectures dudit département de douze ambulances. Auparavant, elle avait pu mobiliser une équipe médicale composée de médecins et autres cadres supérieurs paramédicaux qui s'étaient rendus dans les localités de ce département pour y exercer une médecine de proximité. En dehors de cette fondation, plusieurs autres associations autant de la diaspora que celles situées sur le territoire national collectent des médicaments, par exemple, pour les distribuer ensuite au profit des populations locales. Dans le domaine agricole, l'association « Diaspora Congo », installée en France, avait aussi accompli plusieurs actions qui visent à améliorer la production dans le cadre de l'agriculture vivrière, malgré les difficultés rencontrées sur le terrain.

Elle avait aussi accompli des actions caritatives au service de la patrie, notamment, pour venir en aide aux populations sinistrées lors des dramatiques explosions du 04 mars 2012 qui ravagèrent deux camps militaires qui abritaient le régiment blindé dans les quartiers nord de Brazzaville. Plusieurs autres associations y avaient aussi contribué comme par exemple la « Fondation Ebina » qui œuvre notamment dans la prise en charge des orphelins au Congo. Toujours en complément de ces moult actions positives au service de la Nation, les jeunes de la diaspora congolaise fédérés au sein de l'association « Jeunesse consciente de la diaspora », résidant en France, ont fait don d'un véhicule accompagné des tee-shirts, des cannes et des médicaments de première nécessité aux pensionnaires de Mfilou, dans le VIIe arrondissement de Brazzaville, le 31 octobre 2016. Enfin, dans le domaine de la bonne gouvernance une plateforme fédérant vingt-sept associations locales, dénommée « Dette et développement au Congo », a été mise en place par ses membres le 17 décembre 2016 à Brazzaville lors d'une assemblée générale. Son but est d'aider le gouvernement à modérer ses endettements et à œuvrer avec prudence dans le cadre des politiques publiques de développement, conformément aux exigences de la bonne gouvernance. Selon l'abbé Félicien Mavoungou, de l'association « Justice et Paix », entité composant cette plateforme : « Nous ne sommes pas constitués en réseaux pour réclamer un poste quelconque, plutôt pour rappeler aux pouvoirs publics les exigences d'une bonne gestion. »

Comme on peut le constater, toutes ces actions contribuent à l'essor socio-économique de notre pays. C'est selon les moyens de chacun. Peu importe leur épaisseur ce qui compte c'est la volonté de faire quelque chose pour la patrie. Car, « les petits ruisseaux font des grands fleuves », dit une maxime. Dans la biodiversité, la nature nous montre à travers le monde animal que pour construire et veiller à une termitière, par exemple, les termites fonctionnent selon un mode d'organisation approprié qui implique la solidarité entre les différentes castes qui la composent et doivent inspirer l'espèce humaine. En effet, au sein de la termitière il y a le roi, la reine, les soldats et les ouvriers. Le roi et la reine composent la caste supérieure tandis que les soldats et les ouvriers la caste inférieure. Chaque composante accomplit des tâches qui lui sont assignées pour faire vivre la termitière. Ainsi, le couple royal préside la colonie, les soldats se chargent de la protéger tandis que les ouvriers travaillent pour la nourrir. Transposé à l'espèce humaine, cela veut dire qu'au sein de la communauté nationale chaque membre doit accomplir individuellement la tâche qui lui incombe pour servir l'intérêt général. Toutes ces actions individuelles qui contribuent au développement socio-économique de la communauté nationale ne visent pas à se substituer à l'Etat. Elles tendent simplement à appuyer ou à compléter les actions des pouvoirs publics pour permettre des réalisations non négligeables dans des secteurs importants de la société. Elles contribuent aussi à extirper le peuple de l'assistanat ainsi que de la paresse et le mettent face à ses responsabilités au service de l'intérêt supérieur de la Nation. Certes, l'Etat doit aider au nom de la solidarité nationale, mais la famille, les amis et tous les autres compatriotes doivent aussi le faire au nom de la solidarité privée au service de la communauté nationale. Ce qui confère à la solidarité son vrai son sens de valeur culturelle qui fonde la société africaine.

Cet état d'esprit fait dire qu'il faut d'abord compter sur ses propres forces avant d'attendre l'aide des autres. Ce qui participe du respect de la dignité humaine qui inspire le respect et la considération vis-à-vis des autres. C'est aussi le rejet de la dépersonnalisation. En effet, il n'y a pas de fatalité dans notre manière de vivre, de penser et de concevoir les choses. Tout n'est pas extérieur à notre volonté, car nous sommes aussi responsables de nos échecs et malheurs. L'enfer ce n'est pas que les autres. Dans la culture africaine, en général, et congolaise, en particulier, empreinte d'animisme et de mysticisme excentriques le hasard n'existe pas. Le malheur ne procède pas de nos errements ni des aléas de la nature. Il ne découle que de la mauvaise foi, la jalousie et la sorcellerie. Ainsi, la réussite est systématiquement liée à la bénédiction d'un Esprit supérieur tandis que l'échec résulte toujours de la malédiction satanique. Jamais de l'effort personnel, pour le succès, ni de sa propre faute, pour l'échec. A la déresponsabilisation s'ajoute le manque de confiance en soi. Cela conduit souvent à des réflexes saugrenus. Face aux difficultés, les gens ont pris la mauvaise habitude de ne pas se poser la question sur leur responsabilité personnelle. C'est toujours la faute de l'autre. Ainsi, il faut se précipiter chez le féticheur, le marabout ou un pasteur qui ont réponse à tout. Les hommes politiques y recourent pour gagner aux élections, d'accéder à un poste convoité ou le conserver. Les cadres supérieurs font de même pour obtenir un poste convoité, empêcher l'autre d'y accéder ou le conserver. Une équipe de football ne peut pas jouer un match de grande envergure sans recourir aux pratiques fétichistes. Une entreprise n'explique ses difficultés que par la jalousie maléfique des autres, jamais par sa mauvaise gestion. Le comble de la déresponsabilisation, c'est l'empreinte du fatalisme qui influe dangereusement sur les mentalités en matière de la santé. Puisqu'aucune maladie n'est naturelle et ne procède que du mauvais sort, alors pourquoi se décarcasser pour aller consulter un médecin ? Ainsi, le premier réflexe c'est de consulter un féticheur ou un pasteur et désigner le sorcier à abattre, afin d'obtenir la guérison miraculeuse. Or, vivant dans un univers complexe et complexifié, nous sommes sujets à l'influence des pesanteurs à la fois extérieures et intérieures qui résultent des causes variées. Tantôt elles sont indépendantes de notre volonté, tantôt elles dépendent de notre propre volonté. Dans notre environnement immédiat qu'il soit familial ou national, la jalousie, le mauvais œil et la mauvaise foi sont une partie intégrante de notre vie. Elles nous guettent de jour comme de nuit et nul n'en est à l'abri. Ainsi, il n'y a pas d'institutions monolithiques. Car, elles recèlent toujours en leur sein des forces positives et négatives, dont la contradiction permanente est imbriquée dans un combat âpre et impitoyable. Dans ce combat perpétuel pour la quête du bonheur, les hommes et les femmes sont alternativement auteurs et victimes des faits dommageables qui troublent l'ordre social.

Dans la famille, les membres qui la composent ne vivent pas toujours en bonne intelligence. Le bonheur autant que le malheur des uns et des autres découlent de la relation causale qui tient de l'influence extérieure mais aussi intérieure, c'est-à-dire des actes personnels. Dans la Nation, les différentes couches sociales qui la composent procèdent des différentes sensibilités qui ne sont point à l'abri des conflits continuels aux conséquences fâcheuses. L'Etat se taille toujours la part du lion au détriment d'autres institutions qui lui sont inférieures et des administrés. Mais, il n'est pas responsable de tout puisqu'il est des faits imputables à l'homme. Transposée à l'échelle internationale, la même vérité s'impose avec force et évidence. En effet, le rapport de forces permanent, rude et impitoyable qui oppose les Etats aux fins de domination, induit des conséquences diverses à l'égard des uns et des autres. Ainsi, les grandes puissances veulent toujours se tailler la part du lion au détriment des petits Etats. Mais, ces derniers ne sont pas non plus exempts de tout reproche puisque de la manière de gouverner dépend aussi le sort réservé à un Etat. En dépit des difficultés liées à la conjoncture internationale et aux lubies hégémoniques des grandes puissances, l'Afrique, en général, et le Congo, en particulier, à l'aune de la Chine, peuvent émerger vers le développement intégral. Il nous suffit, entre autres, de travailler d'arrache-pied et consciencieusement, de faire preuve de patriotisme, d'abnégation et d'inventivité au service de l'intérêt supérieur de la Nation.

A condition, bien sûr, de changer profondément nos mentalités perverties depuis des lustres. Enfin, on ne peut pas terminer cette rubrique sans mettre un accent particulier sur l'exaltation du civisme fiscal et l'autosuffisance alimentaire. En effet, lors de l'examen du projet de loi de finances relatif au budget de l'Etat exercice 2017, il en ressort que les exonérations douanières accordées aux individus, personnes physiques et personnes morales, s'élèvent quasiment à 1000 milliards de FCFA par an, soit environ le 1/3 du budget de l'Etat. Ce qui constitue un manque à gagner abyssal au préjudice de l'Etat dont l'essentiel des recettes proviennent du pétrole et de la fiscalité. Par conséquent, pour remédier à cette situation il sied que l'Etat prenne des mesures fermes pour conscientiser les Congolais sur l'importance de la fiscalité dans le développement du pays. Il s'agit donc de leur insuffler la culture fiscale, car elle nous manque notoirement. Chacune et chacun doivent savoir et comprendre que lorsqu'on importe des biens, au titre de l'exercice d'une activité commerciale ou non, on doit s'acquitter des droits et taxes fiscaux, en particulier les taxes douanières. Nul n'a le droit de s'en affranchir et surtout pas ceux qui ont copieusement les moyens de les payer. Certes, pour encourager les investissements de grande envergure et l'activité commerciale, l'Etat doit octroyer quelques abattements. Cependant, pour éviter les abus qui causent un lourd préjudice à l'Etat, il faut que ces exonérations soient strictement encadrées.

C'est cela le vrai sens du civisme fiscal que les pouvoirs publics doivent inculquer aux populations dans la perspective du changement des mentalités propice au développement socio-économique. Concernant le problème de l'autosuffisance alimentaire, il est triste et révoltant de constater que notre pays importe plus de 60% de denrées alimentaires qu'il consomme. Selon le ministre de l'Agriculture, de l'élevage et de la pêche, interpellé sur ce sujet à l'Assemblée nationale lors des questions au gouvernement, ces importations coûtent plus de 500 milliards de FCFA par an à l'Etat congolais. C'est affreusement révoltant et scandaleux dans la mesure où notre pays dispose d'énormes atouts dans les domaines agricoles, de la pêche et de l'élevage. Il suffit de les exploiter à bon escient afin d'atteindre l'autosuffisance alimentaire tant scandée depuis les années 80, à l'instar de ce que firent d'autres pays africains comme le Cameroun. L'autosuffisance alimentaire est un paramètre important du développement et d'indépendance nationale. Car, un peuple qui ne produit pas ce qu'il consomme n'est pas un peuple libre.

CONCLUSION

Au terme de ce plaidoyer, il sied de noter que le changement des mentalités est un immense labeur. Son domaine est si vaste et complexe qu'on ne saurait en limiter la liste. Son processus est si long et rude qu'il requiert du temps, du courage et de l'abnégation. Quoiqu'il en soit, parler du changement des mentalités induit inéluctablement l'exaltation de l'Ethique, c'est-à-dire de la morale. Or, le commun des mortels est si imbu de soi que lui rappeler ou apprendre les règles élémentaires de la morale républicaine qui fondent le bien vivre ensemble apparait de prime abord comme une provocation. C'est dire que cet exercice n'est pas simple à faire. Ainsi, il doit être abordé avec délicatesse, dextérité et respect nécessaires pour ne pas choquer la susceptibilité des uns et des autres. Car, si l'homme est conscient du fait qu'en tant qu'un être humain il n'est pas parfait, ayant des qualités et des défauts, il n'en demeure pas moins vrai qu'il n'accepte pas facilement les critiques qui lui sont faites. Il les supporte quand il s'agit de fustiger les autres que quand elles les concernent directement et personnellement. Comme disait Leo Ferré : « ce qu'il y a d'encombrant dans la morale, c'est toujours la morales des autres ». En tout état de cause, accepter la morale aux fins de changement des mentalités dans la perspective du développement personnel et collectif est une véritable ascèse. Ainsi, il requiert d'énormes sacrifices sous-tendus par des valeurs qui se résument en trois mots : VOLONTE, TOLERANCE et HUMILITE. Ces trois valeurs cardinales impliquent d'une part, de faire preuve de courage, d'accepter la différence et la contradiction comme socle du bien vivre ensemble, tel que nous enseigne la nature au travers de ses vissicitudes. Et d'autre part, de placer toujours au-dessus de soi l'intérêt supérieur de la Nation, de se faire petit pour rester grand.

En définitive, force est de constater qu'il n'y a pas de changement des mentalités sans rupture d'avec les antivaleurs qui pervertissent l'homme et la société tout entière. Cependant, la rupture comme moyen par lequel doit être opéré le changement des mentalités revêt une double nature et est adaptable selon les circonstances factuelles. Ainsi, elle ne se décrète pas à coup de slogans pompeux, ni de textes prêts à consommer. La rupture est un processus, quand bien même il y aurait des choses changeables immédiatement au gré de la rigueur. La vraie rupture, c'est celle qui consiste à être d'abord exigeant avec soi-même avant de l'imposer aux autres. Aussi, celle qui consiste à s'inscrire dans la durée, en faisant don de soi au service de l'intérêt supérieur de la Nation et des générations futures. Mais, ce dessein noble et révolutionnaire n'est possible que grâce à une politique qui exalte l'érection d'un Etat fort. Le but de ce livre, ce n'est pas de s'ériger en moralisateur ni en un donneur de leçon fat et impertinent. Très loin de moi cette idée, à la fois prétentieuse et indécente. Car, en chacun de nous sévissent des mentalités coriaces qui résistent au changement et ne militent pas en faveur du progrès. Comme dit un proverbe hébreux : « Changer ne peut prendre qu'un instant, c'est la résistance au changement qui peut prendre toute une vie ». Par conséquent, il incombe à nous tous de détruire les mauvaises mentalités qui nous freinent afin de se reconstruire positivement. La Bible dit, dans l'évangile selon Saint Mathieu au chapitre 5, verset 29 et 30, que : « Si ton œil droit est pour toi une occasion de chute arrache-le et jette-le loin de toi (…) Si ta main est pour toi une occasion de chute, coupe la et jette la loin de toi ; car il est avantageux pour toi qu'un seul de tes membres périsse et que ton corps entier n'aille pas dans la géhenne ». En effet, telle une chenille qui doit mourir pour devenir un papillon et voler vers le firmament, une graine doit mourir pour devenir un arbre fruitier, l'œuf doit mourir pour devenir coq, tandis qu'un être humain doit aussi mourir mentalement pour renaître dans la perspective de s'élever très haut vers l'émergence personnelle et collective. Ainsi, qu'il me soit permis d'y faire réfléchir tous les lecteurs attentionnés à travers l'extraordinaire poème du géant Rudyard KIPLING :

SI !

Si tu peux voir détruit l'ouvrage de ta vie,

Et sans dire un seul mot te mettre à rebâtir,

Ou perdre d'un seul coup le gain de cent parties,

Sans un geste et sans soupir ;

Si tu peux être amant sans être fou d'amour,

Si tu peux être fort sans cesser d'être tendre,

Et, te sentant haï sans haïr à ton tour,

Pourtant lutter et te défendre ;

Si tu peux supporter d'entendre tes paroles,

Travesties par des gueux pour exciter les sots,

Et d'entendre mentir sur toi leurs bouches folles,

Sans mentir toi-même d'un seul mot ;

Si tu peux rester digne en étant populaire,

Si tu peux rester peuple en conseillant les rois,

Si tu peux aimer tous tes amis en frères,

Sans qu'aucun d'eux ne soit tout pour toi ;

Si tu sais méditer, observer et connaître,

Sans jamais devenir sceptique ou destructeur,

Rêver, mais sans laisser le rêve être ton maître,

Penser sans n'être qu'un penseur ;

Si tu peux être dur sans jamais être en rage,

Si tu peux être brave et jamais imprudent,

Si tu sais être, si tu peux être sage,

Sans être moral ni pédant ;

Si tu peux rencontrer Triomphe après Défaite,

Et recevoir ces deux menteurs d'un même front,

Si tu peux conserver ton courage et ta tête,

Quand tous les autres les perdront,

Alors les Rois, les Dieux, la Chance et la Victoire,

Seront à tout jamais tes esclaves soumis,

Et, ce qui vaut bien mieux que les Rois et la Gloire,

Tu seras un homme, mon fils.

BIBLIOGRAPHIE

1- Moussa Konaté, L'AFRIQUE NOIRE EST-ELLE MAUDITE ? Fayard, 2010

2- Stephen Smith, NEGROLOGIE, Pourquoi l'Afrique meurt-elle. Pluriel, 2005

3- Boubacar Boris Diop, Odile Tobner, François-Xavier Verschave, NEGROPHOBIE. Les arènes, 2005

4- L'AFRIQUE REPOND A SARKOZY, contre le discours de Dakar. Philippe Rey, 2008

5- Jean Marie Bockel, TRAJECTOIRE PLURIELLE. Alpharès, 2014

6- Michel Rocard, POUR UNE AUTRE AFRIQUE. Flammarion, 2001

7- Bernard Lugan, DECOLONISEZ L'AFRIQUE. Ellipses, 2012

8- Jean Zigler, L'EMPIRE DE LA HONTE, Fayard, 2005

9- Pascal Boniface, COMPRENDRE LE MONDE, Armand Colin, 2010

10- Frédéric Lenoir, PETIT TRAITE D'HISTOIRE DES RELIGIONS. Points, 2014

11- LA CONSTITUTION CONGOLAISE du 15 mars 1992

12- LA CONSTITUTION CONGOLAISE du 20 janvier 2002

13- LA CONSTITUTION CONGOLAISE du 6 novembre 2015

14- LA SEMAINE AFRICAINE

15- LES DEPECHES DE BRAZZAVILLE.

TABLE DES MATIERES

République démocratique du Congo

aux éditions L'Harmattan

Dernières parutions

LES BALUBA
Histoire, cosmologie et sémiologie d'un peuple bantu
Lwa Malale Lukanda ; Préface de Banza Mukalay Nsungu ; Avant-texte de Manda Tchebwa ; Postscriptum de Joseph Ibongo
Avec force images et autres illustrations, cet ouvrage présente les «traits marquants» du peuple «muluba» : son identité ethnique, son histoire, sa cosmologie, sa sémiologie et ses créations culturelles majeures. Les «Baluba», dont l'auteur révèle l'existence au-delà du deuxième millénaire avant Jésus-Christ, forment un peuple à la fois un, dans l'unité géographique et démographique, et multiple, dans la diversité des nations qui se revendiquent de sa descendance et de sa parenté culturelle : de l'Afrique centrale à l'Afrique du Sud, de l'Océan atlantique à l'Océan indien.
(Coédition CICIBA, Harmattan RDC, 26.00 euros, 232 p.)
ISBN : 978-2-343-06036-1, ISBN EBOOK : 978-2-336-38163-3

L'UNIVERSITÉ DE KINSHASA EN QUÊTE DE REPÈRES
Mawanzi Manzenza Thomas
Cet ouvrage aborde la question de la crise du renouvellement du personnel académique au sein de l'université de Kinshasa, une institution qui a connu, au cours de son évolution, à la fois le phénomène colonial, l'africanisation de ses structures et les enjeux de la mondialisation. Cette étude nous montre comment l'université s'est laissé gouverner par des pratiques de racisme et de discrimination pour le contrôle du monopole de l'autorité scientifique.
(Coll. Études africaines, 29.00 euros, 288 p.)
ISBN : 978-2-343-05092-8, ISBN EBOOK : 978-2-336-38084-1

GUERRE ET VIOL
Deux faces de fléaux traumatiques en République Démocratique du Congo
Otita Likongo Marcel
Cet ouvrage présente le contexte de survenue du traumatisme psychique, le concept de stress post-traumatique, les développements psycho-traumatiques et leurs modalités expressives. Une série d'événements traumatiques, où la population victime est toujours abandonnée par manque des structures étatiques d'encadrement et non-reconnaissance du poste de psychologue en RDC, y sont répertoriés : guerres, violences sexuelles, accidents de circulation, crash d'avion, naufrage, etc.
(Coll. Études africaines, 21.00 euros, 216 p.)
ISBN : 978-2-343-06270-9, ISBN EBOOK : 978-2-336-38098-8

RD CONGO, LE 30 JUIN 2005
Ça passe ou ça casse ?
Retour sur un épisode crucial de l'histoire congolaise
Mukalay Nsungu Banza - Préface de Camille Sesep N'Sial
«Ce texte a été publié pour la 1ère fois en juin 2005, dans un contexte de grande tension sociale et politique en RDC. Une tension liée à l'interprétation de l'article 196 de la «Constitution de la transition», portant sur la date du 30 juin 2005, censée mettre fin à la période de la «transition politique». Au moment où nous rééditons ce texte, pour la richesse de sa teneur historique, le contexte politique congolais est une fois de plus dominé par le débat constitutionnel, avec en perspective les nébulosités de l'horizon 2016...» Eddie Tambwe Kitenge
(Coll. Comptes Rendus, 14.00 euros, 129 p.)
ISBN : 978-2-343-06354-6, ISBN EBOOK : 978-2-336-37971-5

DROIT CONGOLAIS DU TRAVAIL
Masanga Phoba Mvioki Jacqueline
Préface de Célestin Nguya-Ndila Malengana
Ce manuel expose l'état de la législation et de la réglementation, de la doctrine et de la jurisprudence en matière du travail en RDC. Le regard porte sur les rapports individuels (la conclusion, l'exécution, la cessation du contrat de travail, le règlement des litiges individuels de travail) et sur les rapports collectifs (les organisations professionnelles des travailleurs et d'employeurs, les conventions collectives, le règlement des litiges collectifs de travail).
(Harmattan RDC, 31.00 euros, 302 p.)
ISBN : 978-2-343-06372-0, ISBN EBOOK : 978-2-336-38099-5

JULIEN KILANGA MUSINDE
Une parole en itinérance
Réflexions et témoignages sur un parcours intellectuel
Textes réunis par Jean-Marie Dikanga Kazadi et Emmanuel M. Banywesize
Les textes réunis dans ce collectif tentent d'objectiver l'œuvre diversifiée de Julien Kilanga Musinde. Venus des quatre coins du monde, des intellectuels et des chercheurs de divers horizons rendent hommage à cet amabassadeur de l'université et des lettres congolaises en francophonie. Par son écriture, Julien Kilanga Musinde n'a, en effet, cessé de se raconter, d'accompagner l'Université dans sa marche et de contribuer ainsi à l'humanité du monde.
(Harmattan RDC, 26.00 euros, 252 p.)
ISBN : 978-2-343-06458-1, ISBN EBOOK : 978-2-336-38153-4

CONJONCTURES CONGOLAISES 2014
Politiques, territoires et ressources naturelles : changements et continuités
Sous la direction de Stefaan Marysse et Jean Omasombo Tshonda
La toile de fond de ce volume est la question de la profondeur ou de la superficialité du changement qui se manifeste en RDC depuis plus d'une décennie. Certaines ruptures avec le passé sont manifestes mais l'enracinement profond des comportements clientélistes dans le domaine politique est de nature à fragiliser les avancées. C'est surtout dans le champ économique que les changements

sont réels. Mais cet essor économique est-il durable et signifie-t-il une rupture permanente avec le passé ?
(Coll. Cahiers Africains, 32.50 euros, 316 p.)
ISBN : 978-2-343-05981-5, ISBN EBOOK : 978-2-336-37469-7

POUR UNE RDC NOUVELLE
De l'horreur à l'aurore
Mazola Ayinepa Joseph
Plus de six millions de morts tombés dans une guerre d'invasion et de prédation en RDC. Faut-il vraiment répandre sans merci le sang des Congolais, pour exploiter leurs nombreuses ressources minières ? Doit-on continuer à rester insensibles, à multiplier discours et négociations, alors que l'ennemi gagne du terrain ? Où est allée l'élite congolaise ? Inquiet de la situation exécrable que vit le peuple, l'auteur milite pour une évolution positive de la RDC.
(Coll. Politique et dynamiques religieuses en Afrique, 24.00 euros, 242 p.)
ISBN : 978-2-343-05219-9, ISBN EBOOK : 978-2-336-36595-4

RAPPORT SUR LA THÉMATIQUE POLITIQUE
Ateliers du cinquantenaire du Parti lumumbiste unifié (PALU)
Au-delà de la forme, qui permet de dire que la RDC est un État souverain et une République, le PALU (Parti lumumbiste unifié) veut aller au fond des choses, en réfléchissant sur les attributs de la souveraineté de l'État que sont notamment la défense, la diplomatie et la monnaie. En outre, il y a lieu d'apprécier les régimes politiques connus en RDC, au regard des critères fondateurs d'une République :
- la source de légitimité des pouvoirs constituants - le mode d'accès des dirigeants au pouvoir - l'équilibre des pouvoirs entre les différentes institutions.
(Coll. Dossiers, Études et Documents, 10.00 euros, 58 p.)
ISBN : 978-2-343-06195-5, ISBN EBOOK : 978-2-336-37539-7

LA SORCELLERIE CHEZ LES DING DE LA RDC
Nkumisongo Vavi Fabiyo François-Xavier
La sorcellerie constitue une force surhumaine, une croyance et une pratique ambiguë, notamment chez les Ding de RDC. L'accent a été mis sur le rôle, le pouvoir et la position du sorcier ainsi que sur les voies d'accès et celle de sa transmission. D'autres phénomènes sont analysés tels que l'incarnation, la réincarnation, l'antisorcellerie, la science et la recherche scientifique. Sans oublier le génie créatif ou inventif propres à chaque peuple. Également liée à la religion, elle est à ce titre l'opium du peuple Ding. Elle bloque par l'envoûtement, il faut chercher à la débloquer par des mécanismes d'antisorcellerie.
(Coll. Géopolitique mondiale, 12.00 euros, 106 p.)
ISBN : 978-2-343-04505-4, ISBN EBOOK : 978-2-336-37078-1

CONVICTIONS ET ESPÉRANCES POUR LA RÉPUBLIQUE DÉMOCRATIQUE DU CONGO
Verbatim (2008-2014)
Mukalay Nsungu Banza - Préface de Manda Tchebwa
Ce livre restitue la vision de l'homme politique pour son pays au travers des «écrits et des dits». Le lecteur découvre les idées-forces du politique qui accompagne

le développement d'un secteur socioculturel de la RD Congo. Banza Mukalay Nsungu a été élu quatre fois député de Lubumbashi et ministre dans plusieurs gouvernements. Il est depuis 2012 ministre de la Culture et des Arts de la RD Congo.
(Coll. Comptes Rendus, 21.00 euros, 210 p.)
ISBN : 978-2-343-05743-9, ISBN EBOOK : 978-2-336-37101-6

MA VÉRITÉ SUR LE MARÉCHAL MOBUTU ET SUR LA TRANSITION DÉMOCRATIQUE AU ZAÏRE (1990-1997)
Mukalay Nsungu Banza - Préface de Camille Sesep N'sial
La «transition démocratique» en République démocratique du Congo aura été l'une des plus troubles, complexes et longues de tout le continent africain (1990-2006). Acteur et témoin privilégié de l'histoire politique de ces dernières décennies, l'auteur pose un regard critique sur ces années de tumulte, en interpellant la responsabilité de l'acteur politique congolais. En évoquant ses rapports privilégiés avec le maréchal Mobutu, qui lui confiera la direction de son parti, l'auteur pose aussi son jugement global sur le déroulement de la transition.
(Coll. Comptes Rendus, 16.50 euros, 162 p.)
ISBN : 978-2-343-05741-5, ISBN EBOOK : 978-2-336-37097-2

LES MOTS RÉCURRENTS DE LA TRANSITION POLITIQUE AU ZAÏRE (1990-1997)
Mukalay Nsungu Banza
Rompant avec la tradition qui confine l'étude du vocabulaire et du discours politique dans les sphères des chercheurs spécialisés, l'auteur s'intéresse ici aux mots récurrents de la période politique de la Transition (1990-1997) au Zaïre (actuelle RDC). Une période politique qui va du discours historique de la démocratisation, prononcé par le président Mobutu le 24 avril 1990, à l'avènement du président Laurent-Désiré Kabila, le 17 mai 1997. L'ouvrage constitue également une contribution à l'étude du français d'Afrique subsaharienne et spécialement de la RDC.
(Coll. Comptes Rendus, 9.00 euros, 56 p.)
ISBN : 978-2-343-05742-2, ISBN EBOOK : 978-2-336-37092-7

L'U.D.P.S. DANS L'ŒIL DU CYCLONE
La violence politique au Zaïre sous Mobutu (octobre 1985)
Mutamba Makombo Jean-Marie
Cet ouvrage relate la traque et la répression d'un mouvement d'opposition clandestin au Zaïre (R.D. Congo) sous la Deuxième République : l'Union pour la Démocratie et le Progrès Social (UDPS). L'auteur s'appuie sur les rapports d'information établis en octobre 1985 par le Corps des Activistes pour la Défense de la Révolution (CADER), qui témoignent des tribulations du petit peuple qui a souffert pour le triomphe du multipartisme et de la démocratie. Ils révèlent aussi les luttes d'influences, la lutte d'intérêts et de clans au sein du Parti unique.
(12.00 euros, 104 p.)
ISBN : 978-2-343-05729-3, ISBN EBOOK : 978-2-336-37252-5

L'HARMATTAN ITALIA
Via Degli Artisti 15; 10124 Torino
harmattan.italia@gmail.com

L'HARMATTAN HONGRIE
Könyvesbolt ; Kossuth L. u. 14-16
1053 Budapest

L'HARMATTAN KINSHASA
185, avenue Nyangwe
Commune de Lingwala
Kinshasa, R.D. Congo
(00243) 998697603 ou (00243) 999229662

L'HARMATTAN CONGO
67, av. E. P. Lumumba
Bât. – Congo Pharmacie (Bib. Nat.)
BP2874 Brazzaville
harmattan.congo@yahoo.fr

L'HARMATTAN GUINÉE
Almamya Rue KA 028, en face
du restaurant Le Cèdre
OKB agency BP 3470 Conakry
(00224) 657 20 85 08 / 664 28 91 96
harmattanguinee@yahoo.fr

L'HARMATTAN MALI
Rue 73, Porte 536, Niamakoro,
Cité Unicef, Bamako
Tél. 00 (223) 20205724 / +(223) 76378082
poudiougopaul@yahoo.fr
pp.harmattan@gmail.com

L'HARMATTAN CAMEROUN
BP 11486
Face à la SNI, immeuble Don Bosco
Yaoundé
(00237) 99 76 61 66
harmattancam@yahoo.fr

L'HARMATTAN CÔTE D'IVOIRE
Résidence Karl / cité des arts
Abidjan-Cocody 03 BP 1588 Abidjan 03
(00225) 05 77 87 31
etien_nda@yahoo.fr

L'HARMATTAN BURKINA
Penou Achille Some
Ouagadougou
(+226) 70 26 88 27

L'HARMATTAN SÉNÉGAL
10 VDN en face Mermoz, après le pont de Fann
BP 45034 Dakar Fann
33 825 98 58 / 33 860 9858
senharmattan@gmail.com / senlibraire@gmail.com
www.harmattansenegal.com

L'HARMATTAN BÉNIN
ISOR-BENIN
01 BP 359 COTONOU-RP
Quartier Gbèdjromèdé,
Rue Agbélenco, Lot 1247 I
Tél : 00 229 21 32 53 79
christian_dablaka123@yahoo.fr

Achevé d'imprimer par Corlet Numérique - 14110 Condé-sur-Noireau
N° d'Imprimeur : 136362 - Dépôt légal : février 2017 - *Imprimé en France*

www.ingramcontent.com/pod-product-compliance
Lightning Source LLC
LaVergne TN
LVHW021235061026
849535LV00008B/3069
* 9 7 8 2 3 4 3 1 1 3 9 0 6 *